水流雲在見文章

——吴昌硕致丁啸云手札

湖州市博物馆 编
沈 洁 刘荣华 编著

中華書局

图书在版编目(CIP)数据

水流云在见文章:吴昌硕致丁啸云手札/湖州市博物馆编;沈洁,刘荣华编著. —北京:中华书局,2016.11
ISBN 978-7-101-12258-9

Ⅰ.水… Ⅱ.①湖…②沈…③刘… Ⅲ.吴昌硕(1844~1927)-书信集 Ⅳ.K825.72

中国版本图书馆 CIP 数据核字(2016)第 259110 号

书　　名	水流云在见文章——吴昌硕致丁啸云手札
编　　者	湖州市博物馆
编 著 者	沈　洁　刘荣华
封面题签	袁　旦
责任编辑	朱兆虎
出版发行	中华书局 (北京市丰台区太平桥西里 38 号　100073) http://www.zhbc.com.cn E-mail:zhbc@zhbc.com.cn
印　　刷	北京市白帆印务有限公司
版　　次	2016 年 11 月北京第 1 版 2016 年 11 月北京第 1 次印刷
规　　格	开本/710×1000 毫米　1/16 印张 12½　字数 30 千字
印　　数	1-3000 册
国际书号	ISBN 978-7-101-12258-9
定　　价	96.00 元

《水流云在见文章——吴昌硕致丁啸云手札》
编纂委员会

编　者：湖州市博物馆

编　著：沈　洁　刘荣华

编委会：潘林荣　周　颖　孙书敏　陈海蓉

　　　　钱丽萍　金媛媛　胡红霞　王宏章

二

书信在人类交流史上，向来占有极其重要的地位。周作人说："日记与尺牍是文学中特别有趣味的东西，因为比别的文章更鲜明的表达出作者的个性。诗文小说戏曲都是做给第三者看的，所以艺术虽然更加精炼，也就多有一点做作的痕迹。信札只是写给第二个人，日记则给自己看的（写了日记预备将来石印出来的算作例外），自然是更真实更天然的了。"这里将信札的趣味和特色揭露无疑。吴昌硕这批信札，虽为随意涂抹，但却显现出他对学问的探究热情以及待人接物的风格。其中所涉人物约廿馀人，多为同道、姻亲或乡友。既为书信，便自然随意。有话则多，无话则短，又有忽然兴至的行间补白，将游历、受赠、请托、劝勉、患病、移居等等生活琐屑，无拘无束，信手拈来。字里行间或繁或简地表达着自身的心意、情趣，留下了许多鲜活的生活片段。

信札中多处提及朋旧间的酬酢唱和，其中最为人熟知的便是民国九年（1920）的《香南雅集图》，以及民国十一年（1922）的杭州西泠之游。

《香南雅集图》相关信札（第四十六通）摘录如下：

> 曾由赵氏交来尺幅，为写梅花，装在何诗老所画《香南雅集图》后。题二绝，云："明珠拂袖舞垂髫，嘘气如兰散九霄。寄语词仙听子细，导源乐府试吹箫"；"堂登崔九依稀似，（即赵氏宅中。）月演吴刚约略谙。梅影一枝初写罢，陪君禅语立香南。"

此绝句所述对象为京剧表演艺术大师梅兰芳。吴昌硕自 1913

年举家迁居沪上，便时常与隐居沪上的前清遗老如陈三立、沈曾植、朱祖谋、况周颐等人一起咏诗填词，赏画治印。也常共同出入舞榭歌台，以京昆为交。梅兰芳（1894—1961），名澜，又名鹤鸣，字畹华，别署缀玉轩主人。出身于北京梨园世家，为京昆“四大名旦”之首。是时，梅兰芳只二十七岁，声名却早已如日中天。缶翁将其比喻为唐朝著名音乐家李龟年，盛赞其歌艺之一时无双。梅氏酷爱画梅，亦执弟子礼请艺于吴昌硕。其中赵宅即指赵凤昌宅。赵凤昌（1856—1938），字竹君，晚号惜阴老人、惜阴主人，室名惜阴堂，江苏常州武进人。光绪十年（1884）任张之洞两广总督府侍从，后至总文案，参与机要，是清末民初政坛活跃人物。他后来移居沪上直至终老。何诗老，应指何维朴。何维朴（1842—1922）是何绍基之孙，字诗孙，晚号盘止，亦号盘叟，又号秋华居士、晚遂老人，室名颐素斋、盘梓山房，湖南道县人。以山水画著称，晚寓沪上，以鬻画自给，有《颐素斋印存》六卷传世。民国九年（1920）三月廿五日（公元5月13日），吴昌硕偕名士何维朴、王秉恩、朱祖谋、况周颐借赵凤昌寓邀陈三立、沈曾植等晚饭，梅兰芳同席。梅氏求书，何维朴以画赠之，题为《香南雅集图》，一时名流如吴昌硕、沈曾植、陈三立、王国维等均有题咏，可谓是近代文化艺术史上的名迹。

涉及西泠之游的信札（第五十四通）云：

> 缶三月间赴杭作佛事，（为先母百岁。）事竟，逗留西泠印社廿馀日始回沪。耳聋足躄，无善□□，承以寿问，何老弟□作奇想耶？无论不敢云寿，试问寿有何乐，寿有何补？乃竟祝之为荣耶？

此札作于民国十一年（1922），吴昌硕时年七十九岁。三月十八日（公元4月14日），吴昌硕赴杭为其先母修佛功德于凤林寺。事毕，西泠印社同仁为之设宴，同集者达五十馀人。以“保存金石，研究印学”为建社宗旨的西泠印社由浙派印人丁辅之、王福庵、吴隐、叶为铭创于甲辰（1904），因结社于孤山南麓西泠桥畔，遂名“西泠”。癸丑（1913）重阳正式成社之际，公推吴昌硕为首任社长。吴昌硕以其在印学上的成就以及多方面的艺术修养，对印社的发展壮大作出了极大的贡献，而西泠印社也逐步发展成蜚声海外的“天下第一名社”，成为了天下印人的精神家园。1922年前后，可以说是吴昌硕艺术成就誉扬海内外之年。两处与昌硕先生密切相关的西泠遗址也都在此前一年建成。其一为“缶龛”。1921年，日本文部省委托被誉为日本雕塑界第一人的朝仓文夫塑铸缶翁铜像，九月由朝仓送至上海吉庆里吴宅。后西泠印社从吴昌硕意，于印社闲泉上峭壁中筑龛藏像，名之曰“缶龛”。像高约1.12米，铜首石身，趺坐。吴昌硕自铭檃刻于石，行书十行。其后，王一亭又建亭其上，曰“缶亭”。其二是建室藏《汉三老讳字忌日碑》。该碑于清咸丰二年(1852)在浙江馀姚客星山出土。此碑出土时碑额已断缺，共存217字，碑文浑古遒厚，介篆隶之间，有浙东第一碑之誉。后转徙沪上，碑主陈氏拟以重金售于日本商人。西泠印社社员闻知，曰“此吾乡邦文献所系，讵可弃诸禹域之外”，于是“为书，遍告乡人，议筹金赎回”。后集六十馀人之力，发起书画义卖，数月之内募银八千元之巨，向陈氏赎碑，并“虑其久而复湮也，择西湖孤山之阳，西泠印社隙地，慎重庋奥建室”。作为首任社长及捐集赎碑召集人，吴昌硕曾作记详载其事。

吴昌硕别号甚多，在这数十通信札中，共使用署名八种，曰：俊、俊卿、昌、缶、缶道人、老缶、大聋、苦铁。其中自称为“缶”次数最多。关于其由来，作于光绪八年（1882）的《缶庐诗》所言甚明："金俯将杰赠予古缶，云得之古圹，了无文字，朴陋可喜，因以名吾庐。”可见“缶”代表了吴昌硕最钟爱的古朴、苍茫的金石味，表现了吴昌硕与古为徒的艺术追求。“俊”或“俊卿”是吴昌硕早年之名。1912年后，作品署名中便弃用原名，而用“昌硕”之表字（即所谓的“壬子岁以字行”）。是年为清亡后之民国元年，在此年有大批文人士子弃用原名，借此行为来表达执守前朝臣节的情绪。这些文化遗民们失却了原有的官宦身份，纷纷选择蛰居沪上，以鬻书画为生。吴昌硕亦是其中一员。1913年，七十岁的吴昌硕举家迁至上海吉庆里923号一所三层楼的石库门宅院中，而苏州的房产则由其子吴涵留守。此事在与丁啸云信函中（第十九通）亦有提及，曰："缶已移居北山西路吉庆里，房屋较前宽阔。唯房贾太昂，将来拟招一妥当人分住，以期稍分儋负耳。”由此我们还可以想见此时吴昌硕的家庭负担还是很重的。除此之外，令晚年吴昌硕感觉困苦不已的是在信札中曾多处提及的臂痛、肝经之患与足疾。多病的缘由大致与其人生经历和生活所累有着密切关系。吴昌硕六十岁左右患臂痛，因病臂致使无力握刀刻印，故又自称“苦铁”。信中多处提及的因足疾而不良于行，大约始于1910年。而耳聋之症，在六十九岁《自寿》诗中便有提及："值此身世聋亦佳，未闻海裂山摧朽。”1917年吴七十四岁时，更曾治印一方，曰“吴昌硕大聋”，从此便自号“大聋”。号“大聋”一是指其重听之症，二来亦有自讳耳聋避世之意。吴昌硕在信札中屡屡向乡友丁啸云陈哀述痛、感慨奈何，由此可以读出吴昌硕“叹流年、悲迟暮”的无奈和凄凉。因此，从署名的变化中亦可窥见其人生轨迹的某些侧面。

三

吴昌硕出生于耕读世家。其《七十自寿》诗中云“我祖我父称通儒”。其祖父吴渊，字和甫，号目山。嘉庆戊午（1798）科举人，截取知县衔，曾任嘉兴府海盐县教谕，后任安吉古桃书院山长，著有《天目山房诗稿》。其父吴辛甲（1821—1868），字中宪，号如川，别号周史。咸丰元年（1851）举人，截取知县衔，著有《半日村诗稿》。由此，我们可以看出吴家确以诗文传家。吴昌硕受家庭的熏陶，在诗文上用功甚勤，光绪十九年癸巳（1893）就结集出版了《缶庐诗》。他在《自序》中言道：

> 予幼失学，复遭离乱，乱定，奔走衣食，学愈荒矣。然大雅宏达，不肯薄视予，恒语以诗，心怦怦动。私读古人诗，仿为之，如盲人索途，茫然昧然，不知东西南朔也。积久成帙，无大题，无长篇，取遣寥寂而已。稍出示人，人怜而许焉，遂大喜，拟付手民，庶无负良朋之鼓励与十馀年学吟之苦心。

由此可知，诗作为四艺之首，最为吴昌硕所看重，其一生亦以诗人自命。自青年时代起开始学诗，勤奋如一。常常吟哦推敲，致力为之，数十年未尝间断，诗作数量多达数千首。其对诗的挚爱可见一斑。生于万方多难之时的吴昌硕，历经“庚申之事”、“鼎革之变”，其早年的坎坷生涯以及怀才不遇的现实，使其对世事往往抱有愤懑不平的心态，所以郁勃不平之气皆发之于诗。其诗苍劲高古，气势夺人，题材广泛，体裁多样。从诗中可以感知吴昌硕深厚的文化修养和丰富的内心世界。因此常与之艺事攻错的施浴升、郑孝胥、沈石友、陈三立、诸宗元、朱祖谋等人均对其诗作有很高的赞誉。吴昌硕的诗文修养对其书、其画、其印皆有深远影响。一代名儒嘉兴沈曾植就曾评价云:“翁既多技，能摹印，书画皆为世贵尚，翁顾自喜于诗，惟余亦以为翁书画奇气发于诗，篆刻朴古自金文，其结构之华离杳渺，抑未尝无资于诗者也。”

《吴昌硕致丁啸云手札》录有吴昌硕自作诗三十四首，其中十三首见于《缶庐诗》《缶庐集》。其早年诗学王维,多以五言诗为主,颇得唐人三昧。因此他在信札（第三十三通）中对丁啸云亦作如下指点：

> 弟既从事五律,应先看摩诘、浩然二家。久之可以淘汰熟点,走入生辣一路，最为合格。

吴昌硕作诗既喜白描，亦喜用典。此信札集所录诗句白描者如《读俞光母朱氏行述》、《十二辰诗》、《净土庵诵经》、《半淞园》等。用词朴素简炼，言简意真，不重辞藻修饰与渲染烘托。但其所作亦多有用典之处，造句炼字力求奇而不僻，正而不庸。如信札所录诗句中所提到的“林宗巾”（第十七通）典出《后汉书》卷六十八《郭太传》，借指当世名士；“木强”（第二十通）典出《汉书·张周赵任等传赞》，指质直刚强之人；“白猿公”（第九通）典出《吴越春秋》，指善剑术之人；“囊沙”（第五十通）典出《史记·淮阴侯列传》，指韩信囊沙破敌之计;“陈抟驴”（第五十三通）典出宋邵伯温《闻见前录》卷七,形容太平之世。诸如此类,俯拾皆是。由此可见在诗词创作上,吴昌硕所遵循的“用典活则不薄,能曲笔则不浅,多改削则不率”（第四十七通）的原则。

吴昌硕在诗文上，早年受到时任安吉县令的钱国珍，以及介于师友之间的乡友施浴升的影响，中年与“潜园七子”中的杨岘交游最深，在诗文上受其影响也最大。吴昌硕《石交集·杨岘传》中曾说道：“藐翁与余契合独厚，不以行辈为嫌。”杨岘（1819—1896），字见山，号庸斋。因藐上官，故又号藐翁。咸丰乙卯（1855）举人。浙江归安（今湖州）人，是清代著名的经学家、书法家、诗人。他为学博综汉唐，亦潜心经学。工诗书古文，喜金石之学，尤精汉隶，以“八分书”闻名于世。其书二分似隶，八分像篆，古茂之气溢于纸墨，对晚清书坛金石之风影响颇深。著有《庸斋文集》、《迟鸿轩诗集》等。其为人尤耿介鲠直，不谐流俗。吴昌硕从其学艺，并以“寓庸斋中老门生”自称，但杨岘为不拘小节之名士，以为与吴同里同艺，不必拘束于师生之礼。吴昌硕经常向其请教书法、辞章，始终待之以师礼。吴昌硕《削觚庐印存》手稿中多处可见杨岘浮签。在《缶庐诗》、《缶庐集》中吴昌硕赠答藐翁的诗作便有十首之多。信札（第十七通）中录有的《藐师遗像归老显亭图》，即见《缶庐集》卷六。此诗作于1909年，距杨岘逝世已十三年。诗中忆及两人同寓吴中比邻而居的日子，并借用“丁令千年鹤”、“林宗一角巾”的典故颂扬了藐翁的名士风范，也道出了自己选择退隐艺林的遗民心态。从“藐师”这一称谓上就能说明吴昌硕认为长己二十五岁的杨岘与自己是有亲密的师友情谊的。此诗意也可与作于1894年的《归老显亭图·藐翁先生命写》一诗（《缶庐集》增辑诗作篇目）相印证。实际上，除了上述诸人之外，与吴昌硕之间诗文唱和甚多的还有沈石友、诸宗元等人，这些信札也逐渐刊印出来，公之于世，对于研究吴昌硕提供了丰富的素材。

吴昌硕的一生结交了很多友朋，数目可以数以百计。因此，吴昌硕的艺术发展史，同时也可看作是一部个人的交往史。由于乡谊，吴昌硕得以结交了诸多湖州籍才子学人。与诸位湖州名士切磋心得，开拓了视野，又吸纳了众家之长，才为其晚年在艺坛确立宗师地位夯实了基础。其《石交集》中记录的吴昌硕五十一位早年师友，其中湖州籍的便有十六位之多。事实上，吴昌硕日后在苏州、上海等地的几位重要的师友或赞助人，如吴云、王一亭、刘承幹、周梦坡、朱祖谋等实际上都是与其有着乡谊的渊源。如信札中数次提及的王一亭算得上是其中最重要的一位。王震（1867—1938），字一亭，号白龙山人、梅花馆主、海云楼主等，法名觉器。祖籍浙江吴兴（今湖州市），生于上海周浦。清末民初海上著名实业家、革命家、书画家、慈善家与宗教界名士。自吴昌硕移居沪上以来，便与之相从甚密，介乎师友之间。由于拥有雄厚的经济实力和深远的社会影响，本人亦是海派绘画大家的王一亭便成为吴昌硕艺术的赞助者及有力推手。他为吴昌硕的书画、篆刻艺术开拓市场不遗馀力，使其很快赢得了上海和日本各界的认可甚至尊崇。信札（第十三通）中提到的“六三园”是当时日本旅沪政要及商界宴庆、娱乐、休闲之地。王一亭于1914年在此为时年七十一岁的吴昌硕举办了首次个人书画展。吴昌硕艺名经此远播东瀛，誉满扶桑。之后不久，商务印书馆辑印《吴昌硕先生花卉画册》出版，接着吴昌硕又被推为上海书画协会社长、海上题襟馆书画会会长等等。可以说正是由于王一亭对吴昌硕的大力推介，使其一跃成为了海派书画家中的标杆人物。

四

信札也称手札、书札、书牍、尺牍，或尺函、尺素、尺笺等，其中“尺牍”是较早名称。因用作书写工具的竹或帛规格长一尺，故名焉。信札除却历史文献价值之外，又有其书法艺术价值。而书法艺术可算是中国传统人文精神的重要标尺。书札的书法之美是别有韵味的。它是书写者的自然状态之流露，多为行草书体，随意而至，自由畅快，情感自然流露在笔墨中。传世墨宝如陆机《平复帖》、王羲之《快雪时晴帖》、王献之《中秋帖》等等，便是古往今来书法爱好者刻意学习和欣赏的范本。吴昌硕致丁啸云信札所关涉内容无非赠答唱酬、寒暄问候。原本此类信札事毕即废，并无需长久保存。但正是由于吴昌硕书法艺术的精湛，且被丁啸云及其后来者所仰慕和推崇，所以此数十通信札才得以保留至今，成为极具研究价值的文献材料，同时也是具有收藏价值的艺术品。

吴昌硕的书法，以篆书闻名，但实际上他的行草书也是非常精到，从其自评“强抱篆隶作狂草”便可见一斑。此数十通信札，便可以为证。观其行草相间，一无做作，纯任自然。笔意连绵不断，一气呵成，恣肆雄强，自有排山倒海之势。且用笔极为老辣，既有篆书的婉转，又有隶书的质朴、碑的粗犷，奇正相生，质拙古朴，自成风格。同时信札中也充分传达了作为书家的吴昌硕之个性风貌和情感意绪，其精神世界和人文情怀与他的笔墨是相合拍的。这些从其行笔的提按顿挫、力度节奏，便体现得淋漓尽致。

我国的书信史源远流长。早在魏晋时期，就有人撰作“书仪”，即各类书信的格式。据文献记载，谢元有《内外书仪》四卷，蔡超有《书仪》二卷。另外王宏、王俭、唐瑾，以及唐裴茝、郑馀庆，宋杜友晋、刘岳尚等都有《书仪》传世。此外还有专供夫人、僧侣使用的《妇人书仪》、《僧家书仪》等。书仪分为书式与用语两大要素，是士人之日常礼仪在书简中的体现。信札中的起笔、收结、称谓，皆有一套固定的表述格式。一篇正式的信札，除开正文，至少由以下几个部分组成：称谓语、提称语、思慕语、祝词、署名、日期。措辞、程式随人际关系的亲疏尊卑，涉及事项的轻重缓急各有不同。而措辞是否恰当，程式是否谨严，则直接反映了写信人的文化修养。但居家尺牍的平阙在多数情况下，并没有太严格的规范。以此信札集为例，其用词大多简洁利落。称谓语字体稍大，多数在第一行起首的位置顶格书写，但也有书于信尾的情况。用词多取其号，曰“啸云”或“啸”。提称语有“鉴”、“惠鉴”、“台鉴”、“赐鉴”、“如晤”等。结语祝词有“复颂道安”、“敬叩道安”、“复颂文安”、“专肃鸣谢”、“走聆麈教”等。署名之后常用启禀词为“顿首”、“草草”。吴昌硕简雅、随意的文辞，自谦而敬人的书仪样式，以及不拘一格的性格，在这些信札中表露无遗。

短简小札，虽为微言，却往往胜于长篇宏著甚多，主要是在于真情流露，心声所寄。在此数十通信札中，我们不但可以欣赏到吴昌硕诗书合璧的雅韵情怀，还能领略文人士子书札中典雅的文辞，讲究的书仪，精美的信笺。而且，这些信札的付梓刊行，对于多角度研究吴昌硕生平和艺术提供了最为原始的素材。

五

此数十通信札大都不署年月，或仅署月日而无从定其年岁，此次整理，只能依照其内容或所涉人物进行归纳，大致按时间排序。札中文字据原件释读、标点，文字漫漶或信笺残泐处用“□”表示。手札偶用古字，如“韵”字写作“均”，“著”字写作“箸”，释文径释为通行之字，以便阅读。或有笔误、漏写之处，则用增删符号（“(　)”、“〔　〕”）校正。

书信提行格式，古今稍有不同，今按现代书信格式进行释读；原札小字夹注，则改为单行夹注，并加括号，以醒眉目。

参考文献

1.《吴昌硕年谱长编》，朱关田 编。浙江古籍出版社，2014 年。

2.《吴昌硕纪年书法绘画篆刻录》，朱关田 编。浙江古籍出版社，2014 年。

3.《浙江民国人物大辞典》，林吕建 主编。浙江大学出版社，2013 年。

4.《吴昌硕石交集校补》，吴昌硕 著。上海书画出版社，1992 年。

5.《吴昌硕诗稿》，吴昌硕 著。漓江出版社，2012 年。

6.《百年一缶翁——吴昌硕传》，吴晶 著。浙江人民出版社，2005 年。

7.《西泠印社志稿》，秦康祥 编纂。浙江古籍出版社，2003 年。

8.《我的祖父吴昌硕》，吴长邺 著。上海书店出版社，1997 年。

9.《回忆吴昌硕》，刘海粟、王个簃等 编著。上海人民美术出版社，1986 年。

10.《王一亭年谱长编》，王中秀 编著。上海书画出版社，2010 年。

目　录

吴昌硕致沈石友手札

七十通并释文

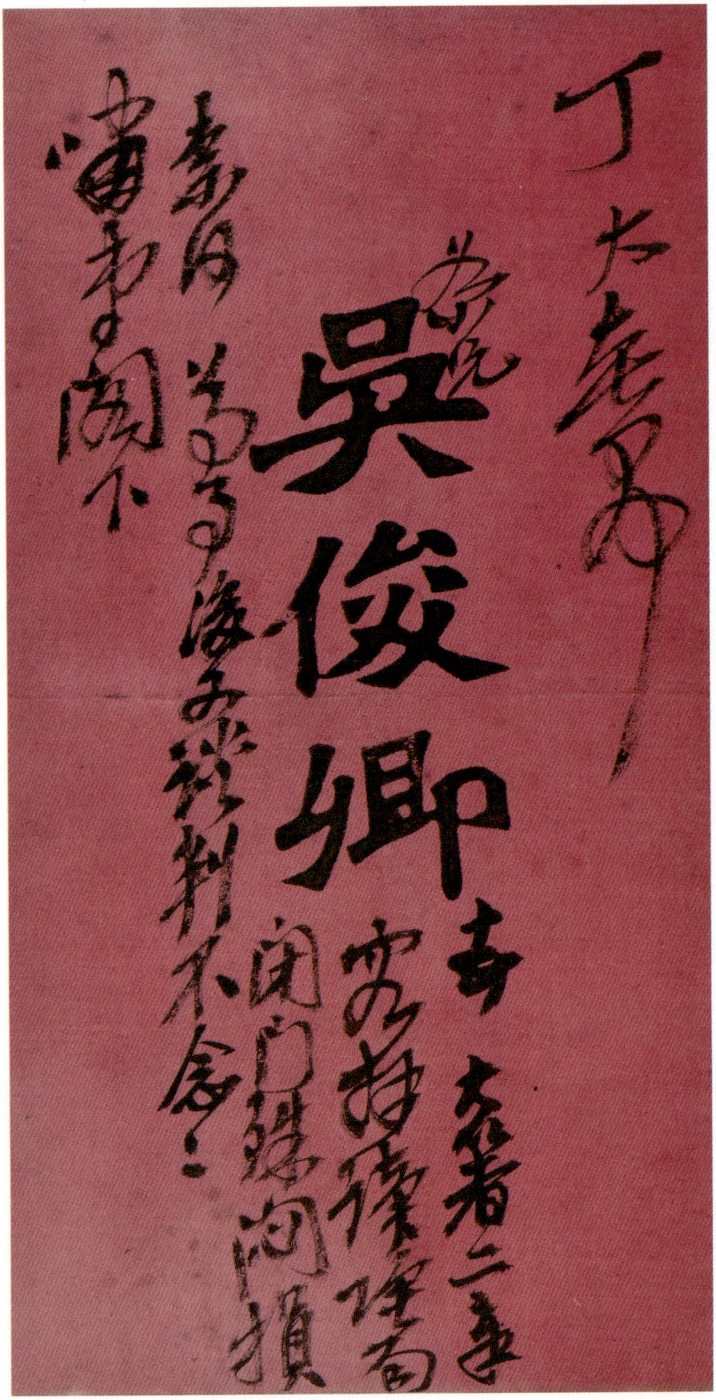

第一通

10×19.7cm

〔**释 文**〕

丁大老爷　如小兄吴俊卿顿首

　　大著二章容拜读。阴雨闭门，殊闷损，奈何。尊事后又谈判不？念念。

啸弟阁下

第二通

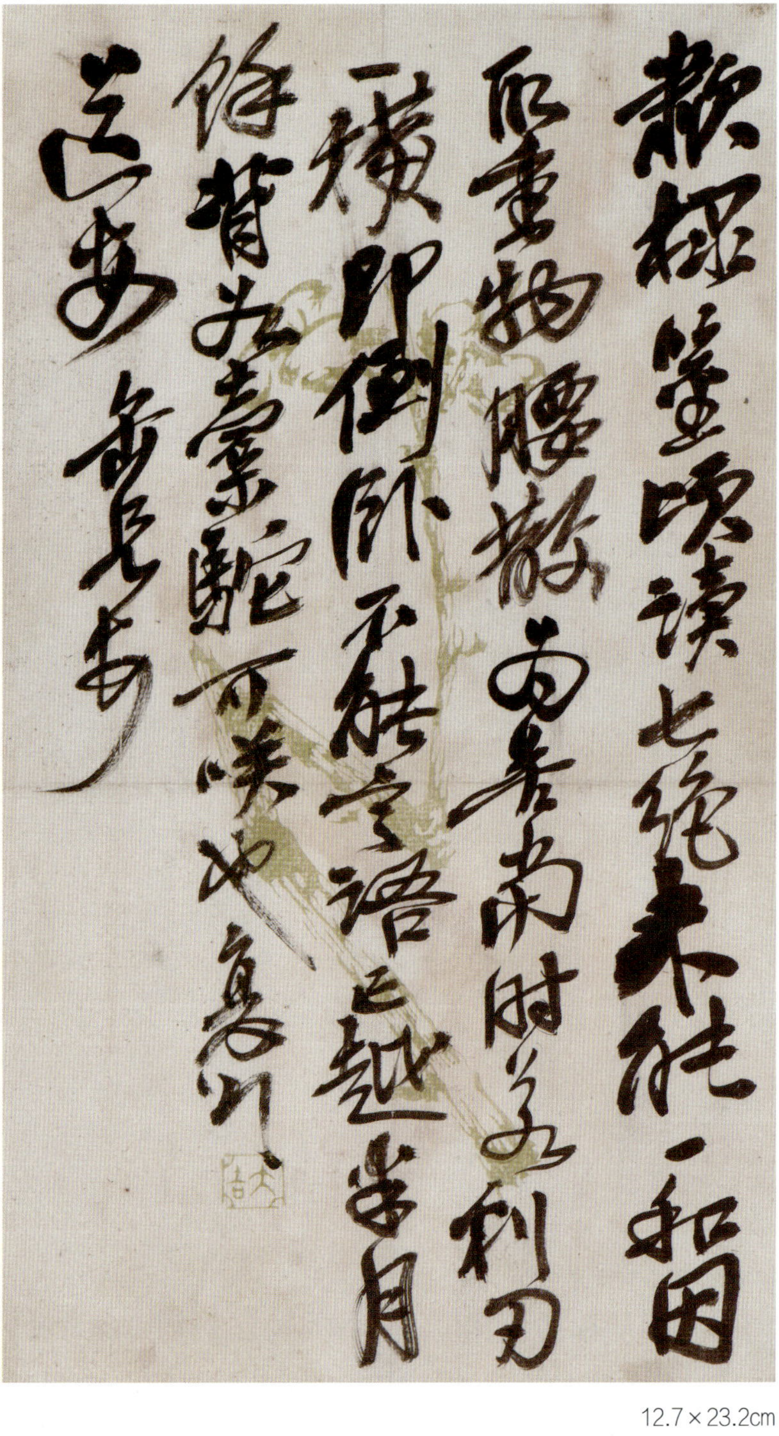

12.7×23.2cm

〔**释 文**〕

啸棣鉴：

顷读七绝，未能一和，因取重物，腰散为苦。当时若利刃一横，即倒卧不能言语，已越半月馀，背如橐驼，可笑也。复颂
道安。

缶兄顿首

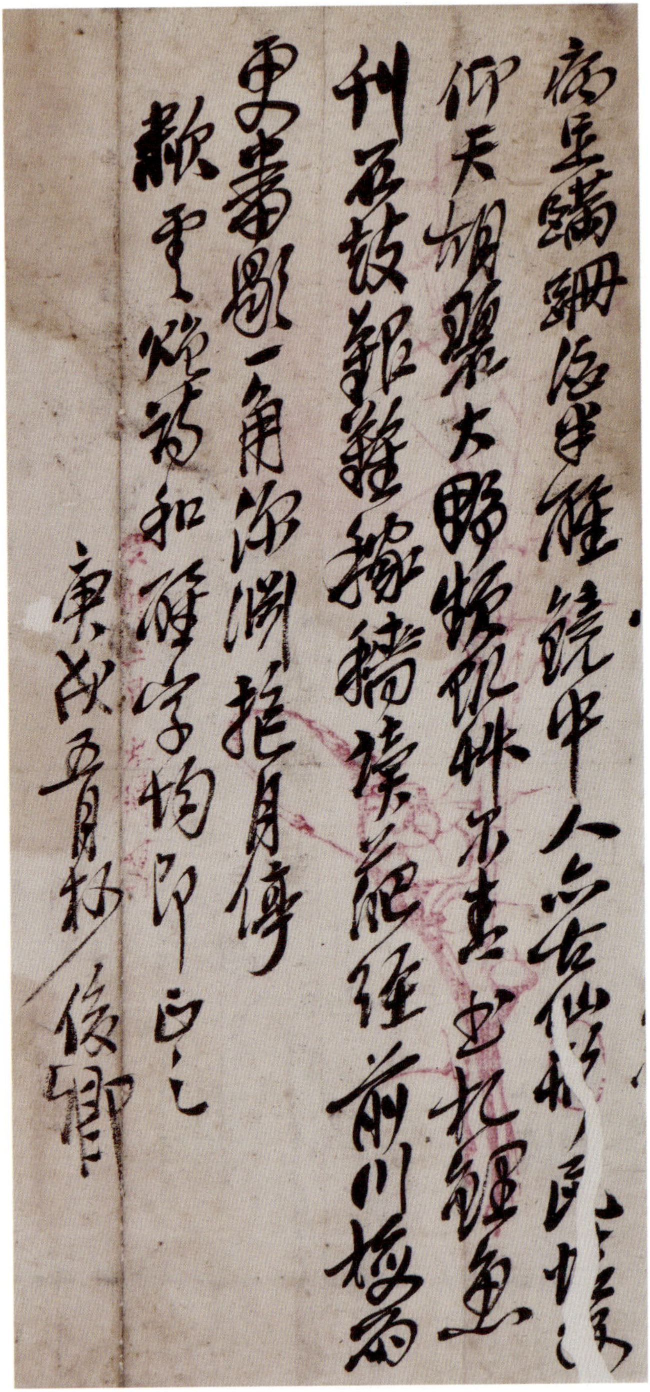

10.7×23cm

第三通

〔**释　文**〕

病足蹒跚酒半醒，镜中人亦古仙形。民情□仰天胡碧，大野频饥草不青。书札鲤鱼刊石鼓，艰难稼穑读葩经。前川梅雨更番歇，一角深渊抱月停。

啸云赠诗，和“醒”字韵，即正之。

庚戌五月杪，俊卿

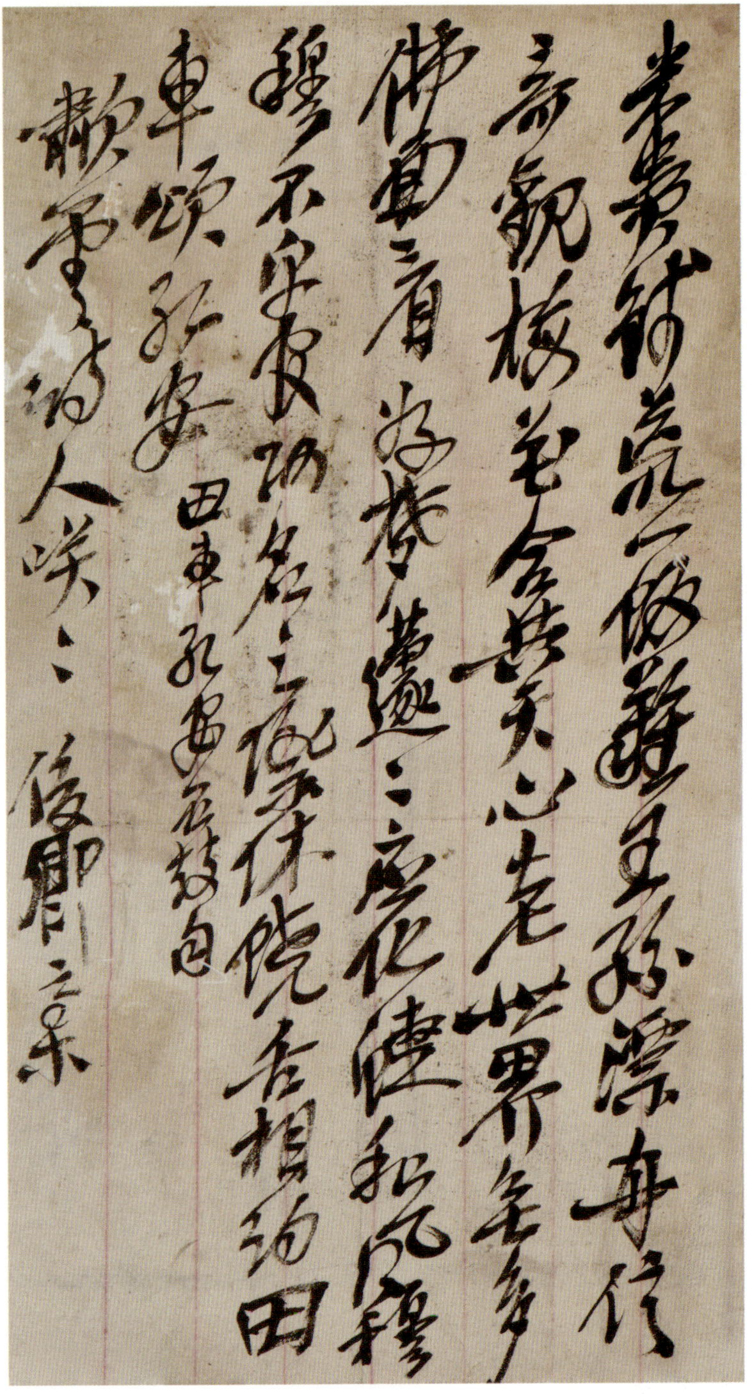

第四通

12.5×23.2cm

〔**释 文**〕

米贵钱荒一饭难，王孙漂母信奇观。梅花合共天心老，世界无多佛面看。好梦蘧蘧应化蝶，和风穆穆不乎官。功名之际休饶舌，相约田车颂孔安。——《田车孔安石鼓句》

　　啸云诗人笑笑。

俊卿稿

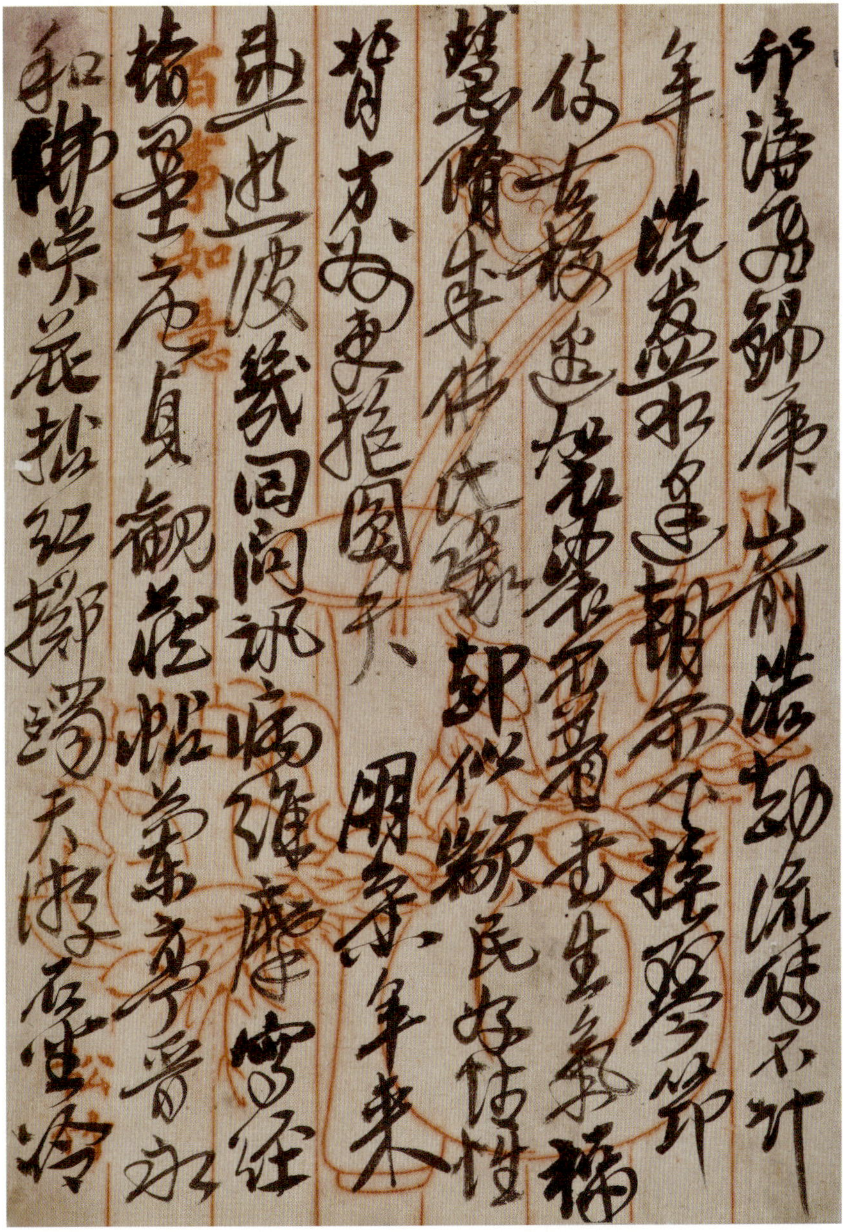

第五通①

15.5×22.5cm

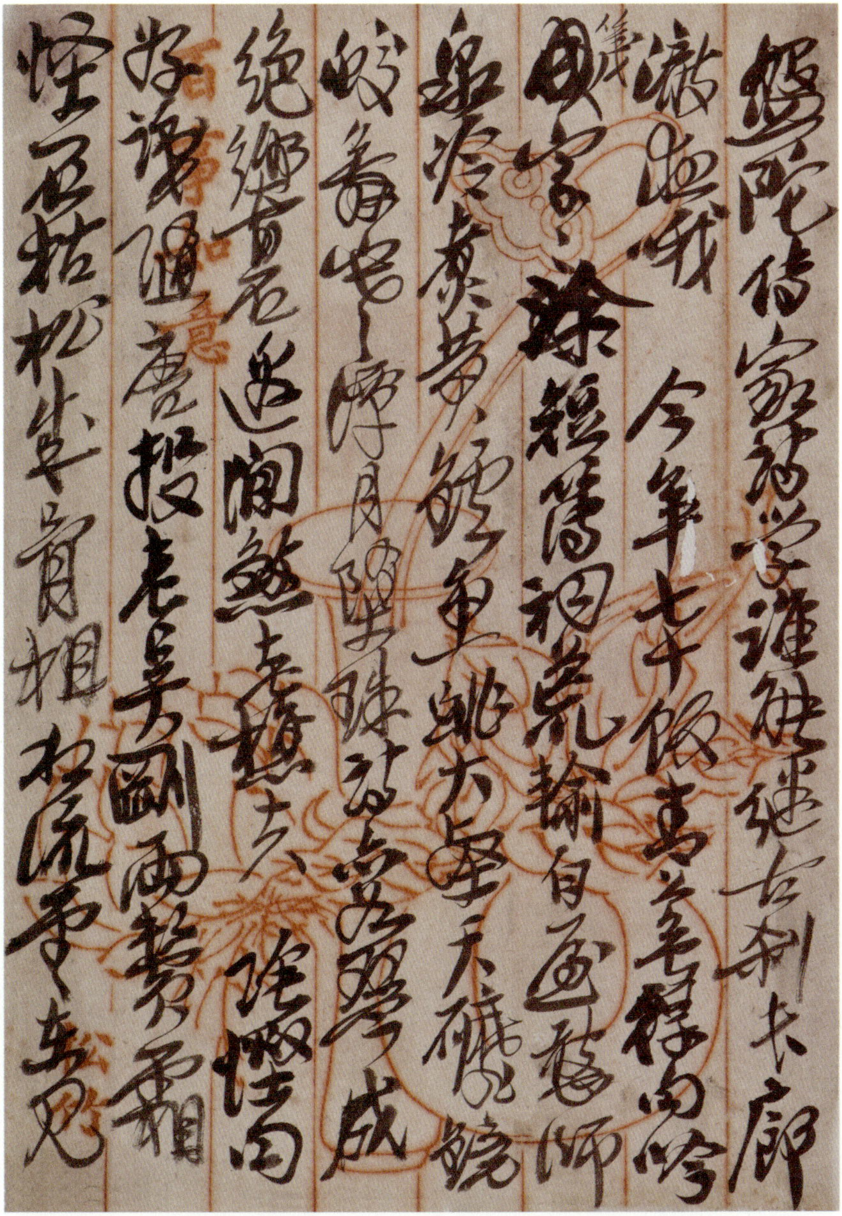

第五通②

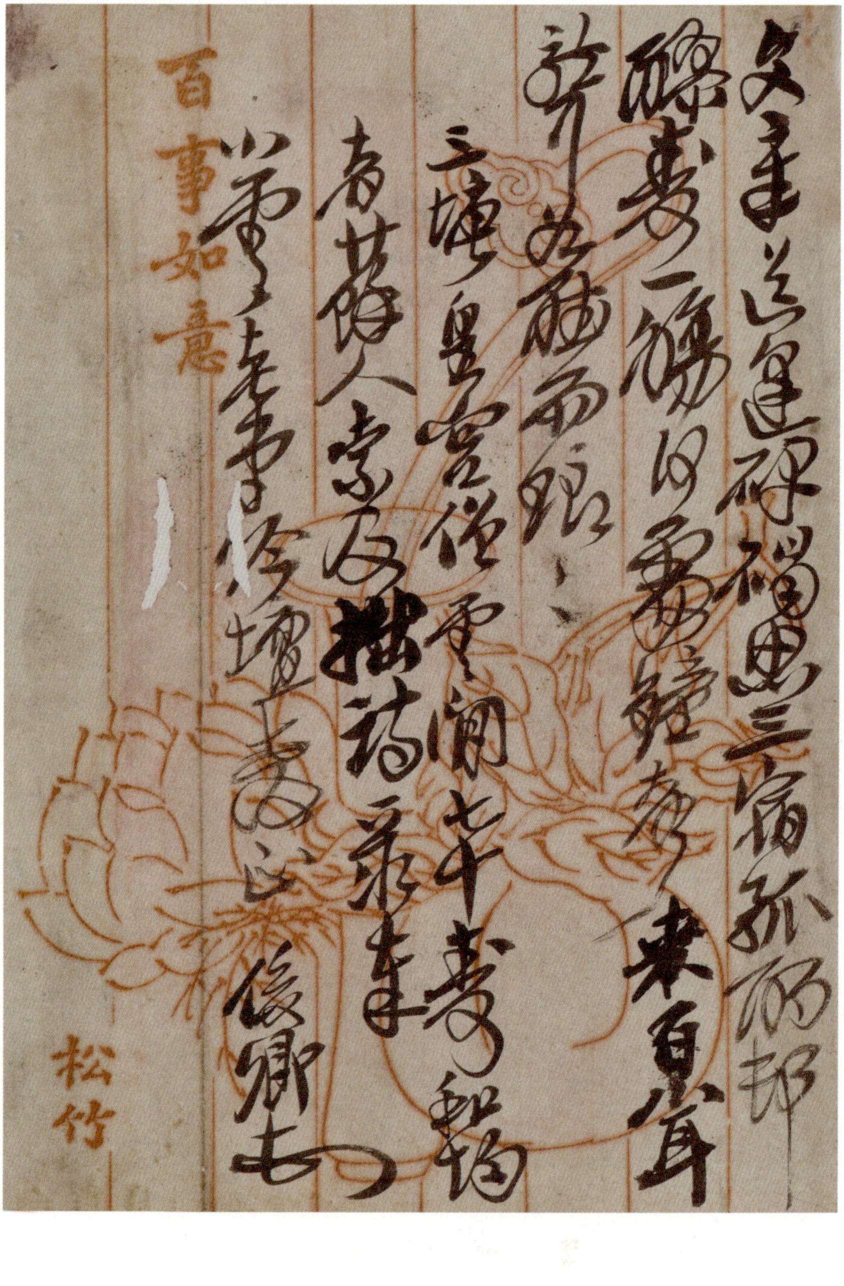

第五通③

〔释 文〕

邗沟飞锡虎山前，浩劫流传不计年。洗盏水逢朝雨下，抚琴筇倚古梅边。袈裟不着书生气，福慧修成佛氏缘。却似颛民好情性，背方州更抱圆天。朋旧年来感逝波，几回问讯病维摩。写经楮墨唐贞观，藏帖兰亭晋永和。佛笑花拈红掷躅，天游石坐冷盘陀。传家诗学谁能继，古刹长廊澈夜哦。今年七十饭青芜，得句吟笺字字涂。短簿祠荒输白屋，憨师泉冷煮黄鑪。鱼跳大壑天礶镜，蛟舞寒潭月堕珠。诗亦如琴成绝响，石边闲煞老樵夫。阴（悭）〔铿〕句好识随唐，投老吴刚两鬓霜。怪石枯松成骨相，水流云在见文章。道逢碑碣思三宿，孤酌村醪寿一觞。何处钟声来百八，耳聋如听雨琅琅。

三塘皇宫僧云闲七十寿，和韵者廿馀人，索及拙诗，录奉

小云老弟吟坛教正。

俊卿顿首

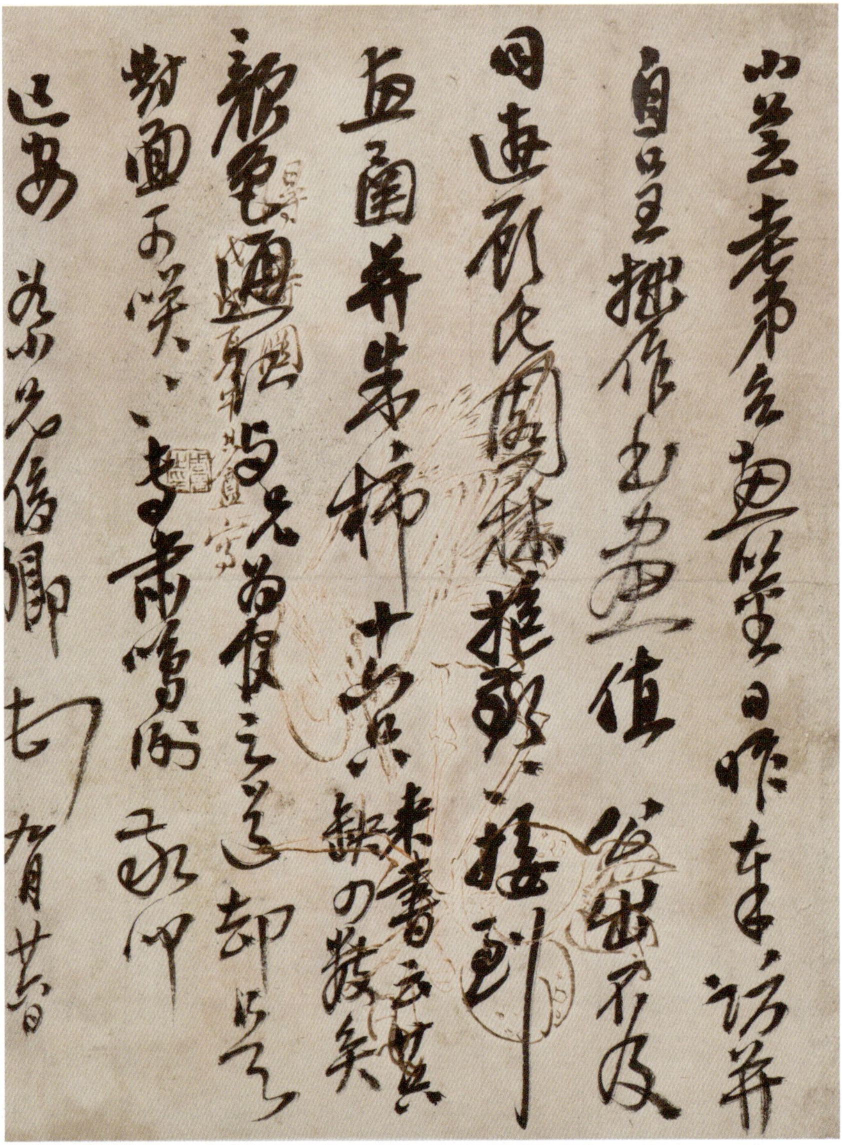

第六通

17.8×24.4cm

〔**释 文**〕

小芸老弟台惠鉴：

日昨奉访，并自呈拙作书画。值公出，不及同游顾氏园林，抱歉抱歉。接到惠函并朱柿十六只，（来书云廿只，缺四数矣。）颜色通红。与兄为官之道却是对面，可笑可笑。专肃鸣谢。敬叩

道安。

如小兄俊卿顿首，九月廿六日

第七通

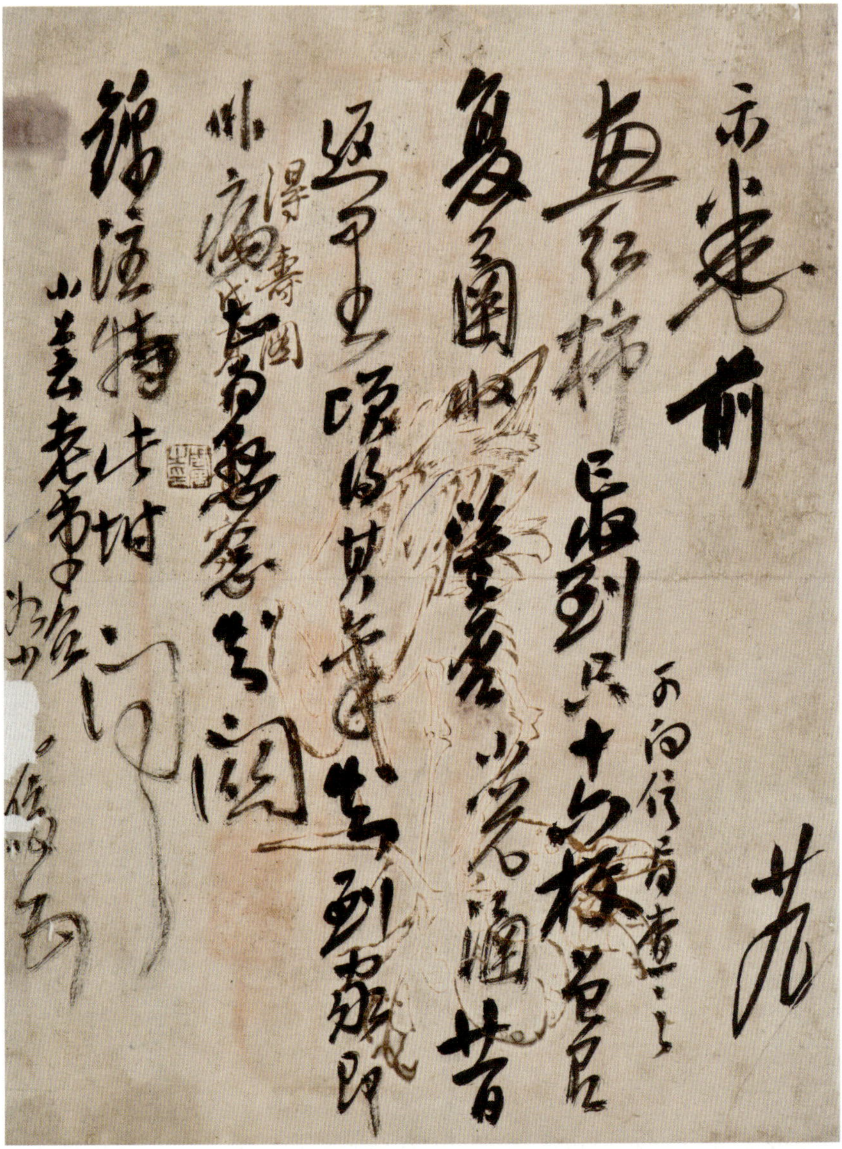

18×24.7cm

〔**释　文**〕

示悉。前惠红柿已收到，只十六枚，（可向信局查之。）曾有复函，收鉴否？小儿涵廿一日返里。顷得其笔，知到家即卧病，甚为悬念。知关锦注，特此附闻。

小芸老弟台

如小兄俊顿首，廿九

〔**释 文**〕

啸云老弟台鉴：

得示，知吟兴勃如。惠诗甚佳，唯首句宜改，古文无是法也。酥糖之锡，使我胡咙一润。高诵大作，四壁澈响。人谓我痴，我亦痴当之。委为世兄写润格，望开示何件何润，寄下以便涂抹。书法如有现成者，望寄数张来一观，专此鸣谢。复颂

道安。

小春月三日，俊顿首

世兄文祉。

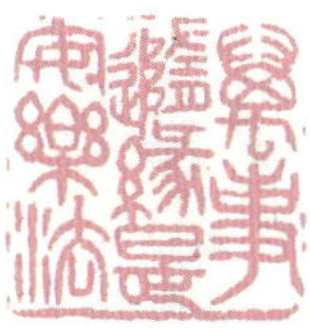

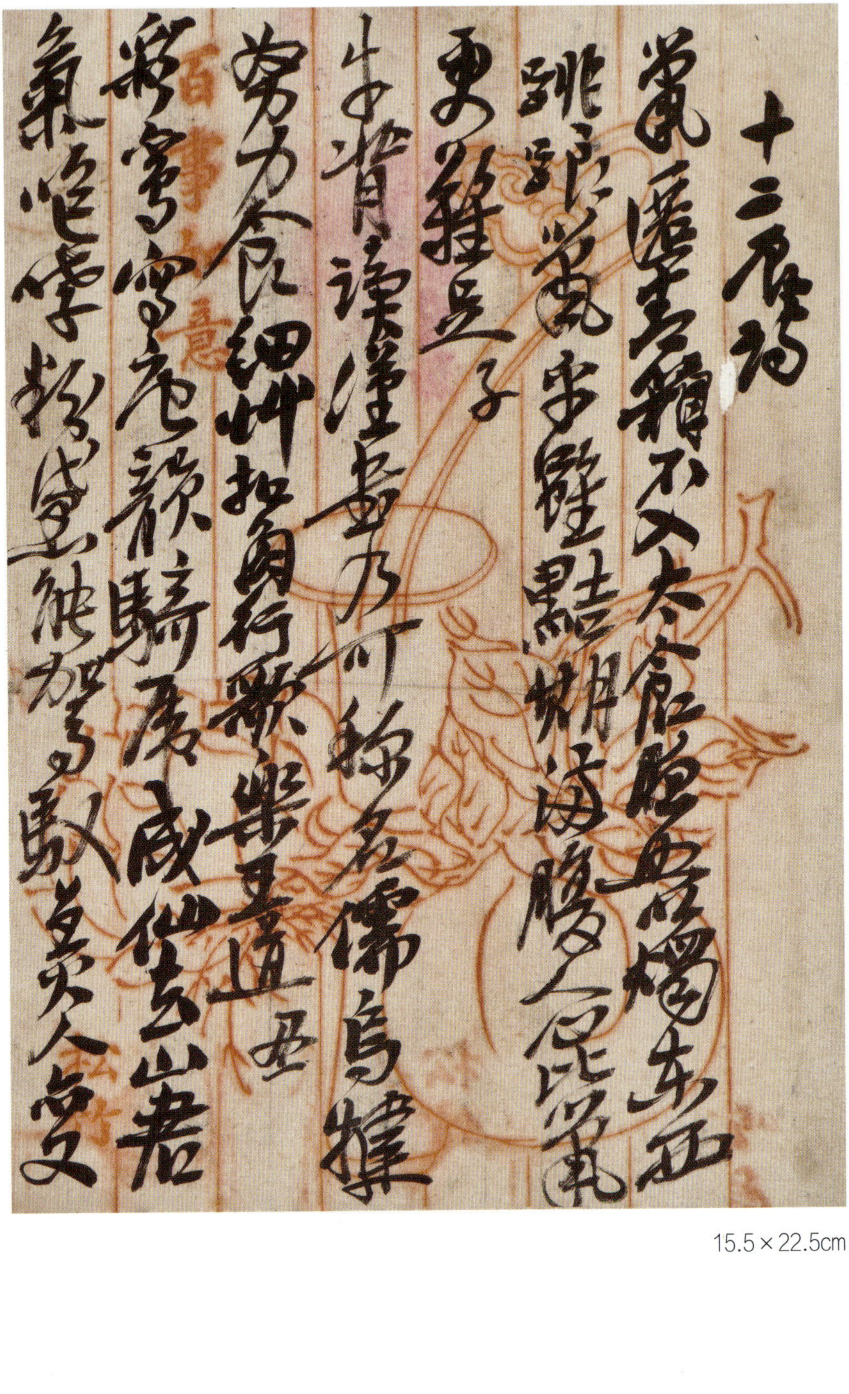

第九通①

15.5×22.5cm

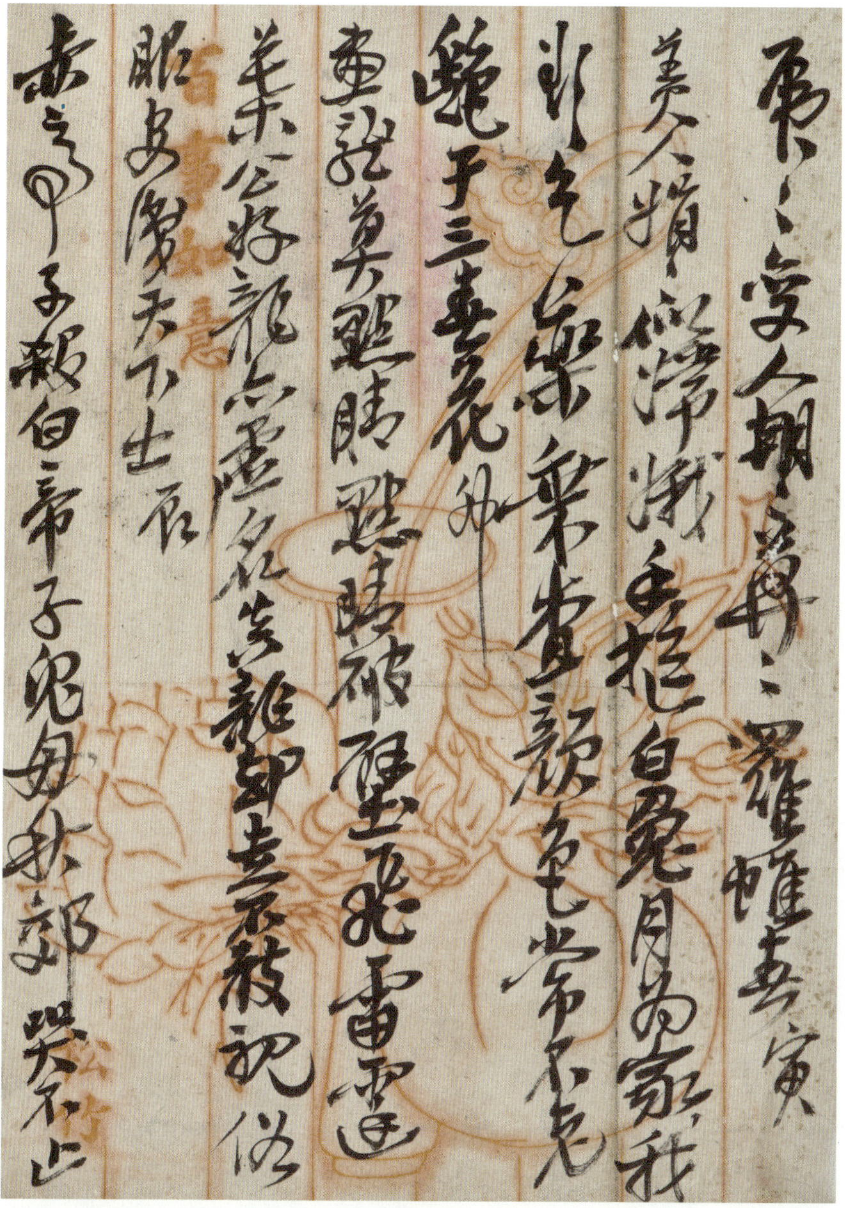

第九通②

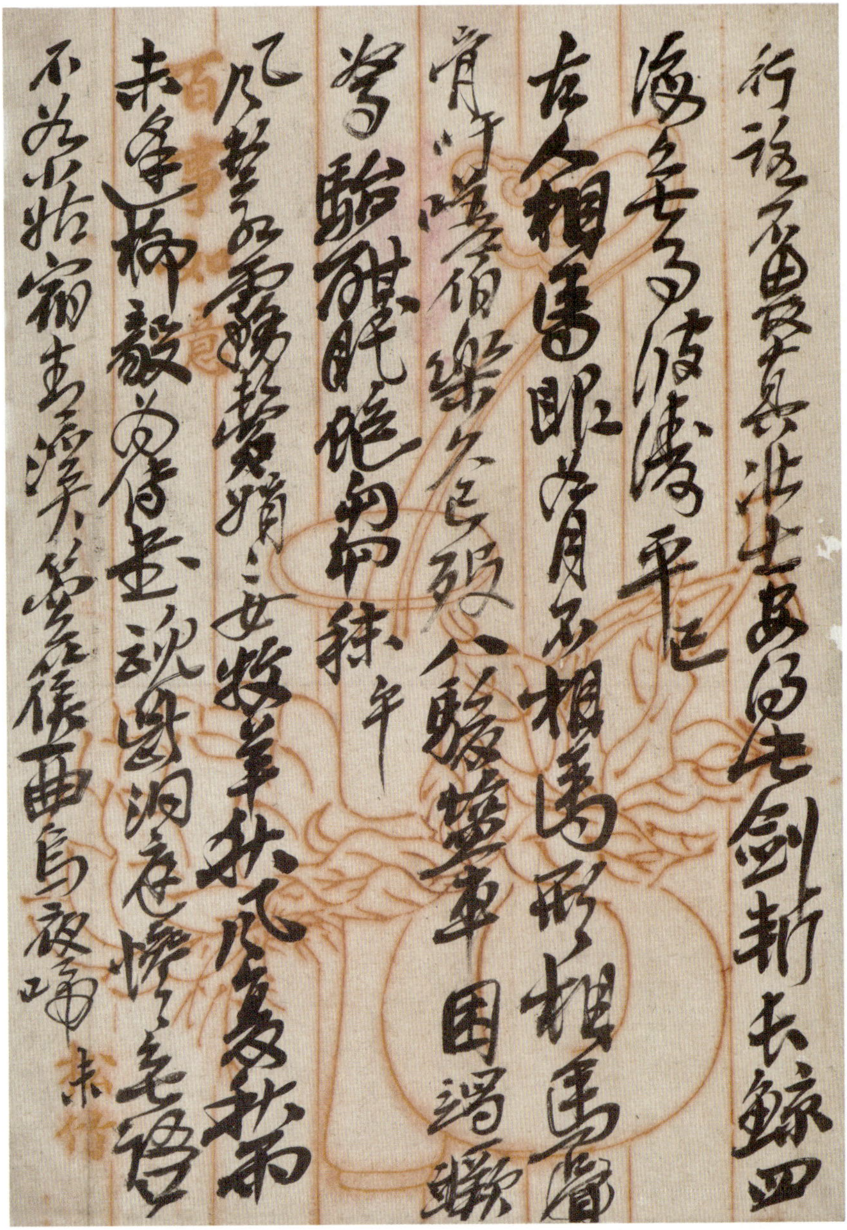

第九通③

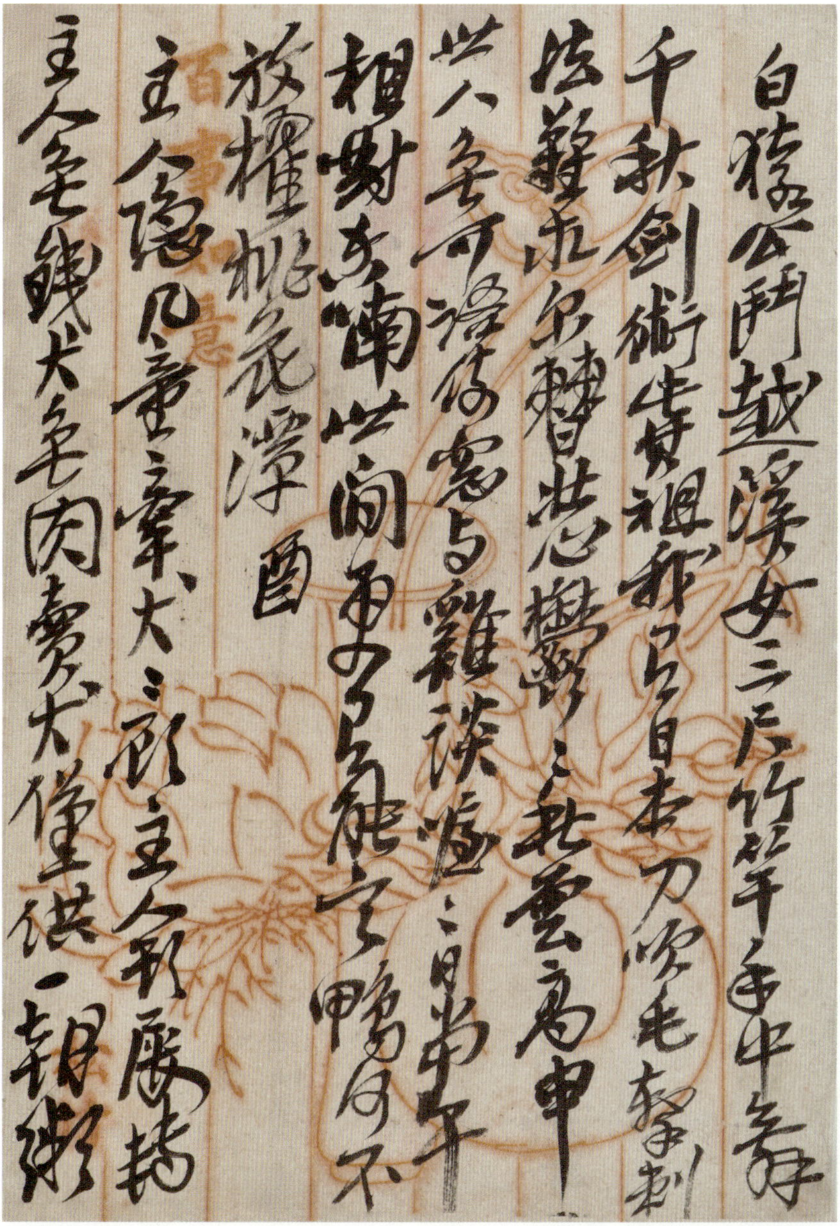

第九通④

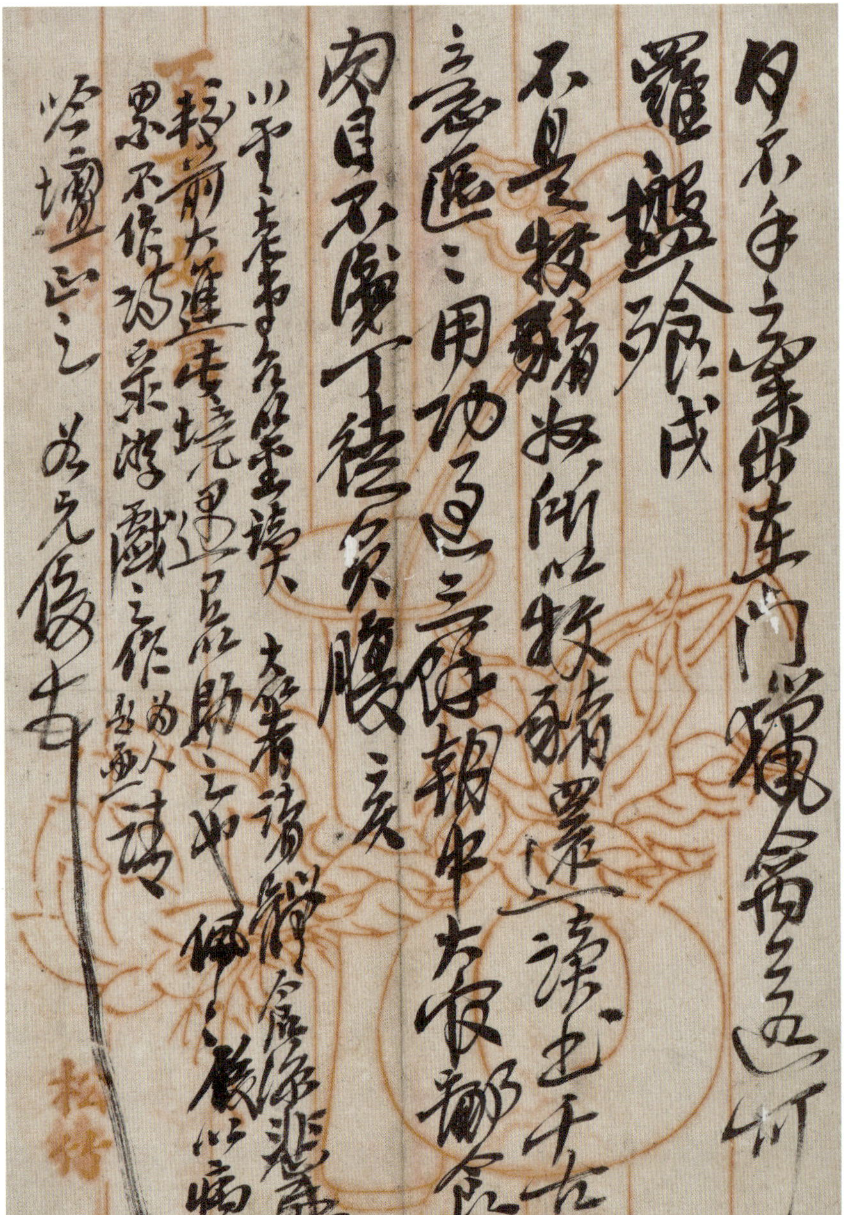

第九通⑤

〔释 文〕

《十二辰诗》

鼠匿青箱，不入太仓。夜照以烛，东西跳踉。鼠乎虽黠期满腹，人心比鼠更难足。（子）

牛背读汉书，乃可称名儒。乌犍努力食细草，扣角行歌乐王道。（丑）

彩鸾写唐韵，骑虎成仙去。山君气咆哮，粉黛能驾驭。美人变虎虎变人，朝朝暮暮罗帷春。（寅）

美人娟娟似嫦娥，手抱白兔月为家。我欲乞药乘查，颜色常不老，艳于三春花。（卯）

画龙莫点睛，点睛破壁飞雷霆，叶公好龙亦虚名。真龙却走不敢视，俗眼安识天下士。（辰）

赤帝子杀白帝子，鬼母秋郊哭不止，行路不畏真壮士。安得此剑斩长鲸，四海无事波涛平。（巳）

古人相马眼如月，不相马形相马骨。吁嗟伯乐久已殁，八骏盐车困竭蹶，驽骀酣眠饱刍秣。（午）

风鬟雾鬓娟娟女，牧羊秋风复秋雨。未逢柳毅为传书，魂断洞庭惨无语。不如小姑宿青溪，箜篌一曲乌夜啼。（未）

白猿公斗越溪女，三尺竹竿手中舞，千秋剑术此其祖。我有日本刀吹毛，击刺法难求尔曹，壮心郁郁秋云高。（申）

世人无可语，倚窗与鸡谈。喔喔日当午，相对空喃〔喃〕。世间更有能言鸭，何不放櫂桃花潭。（酉）

主人隐几童牵犬，犬顾主人头屡转。主人无钱犬无肉，卖犬仅供一朝粥。何不手牵出东门，猎禽还可罗盘飧。（戌）

不是牧猪奴，所以牧猪还读书。千古意区区，用功过三馀。朝中大官鄙食肉，目不识丁徒负腹。（亥）

小云老弟台鉴：

读大著，诸体苍凉悲感，较前大进，此境遇有以助之也，佩佩。俊以病累不作诗，录游戏之作，（为人题画。）请吟坛正之。

如兄俊顿首

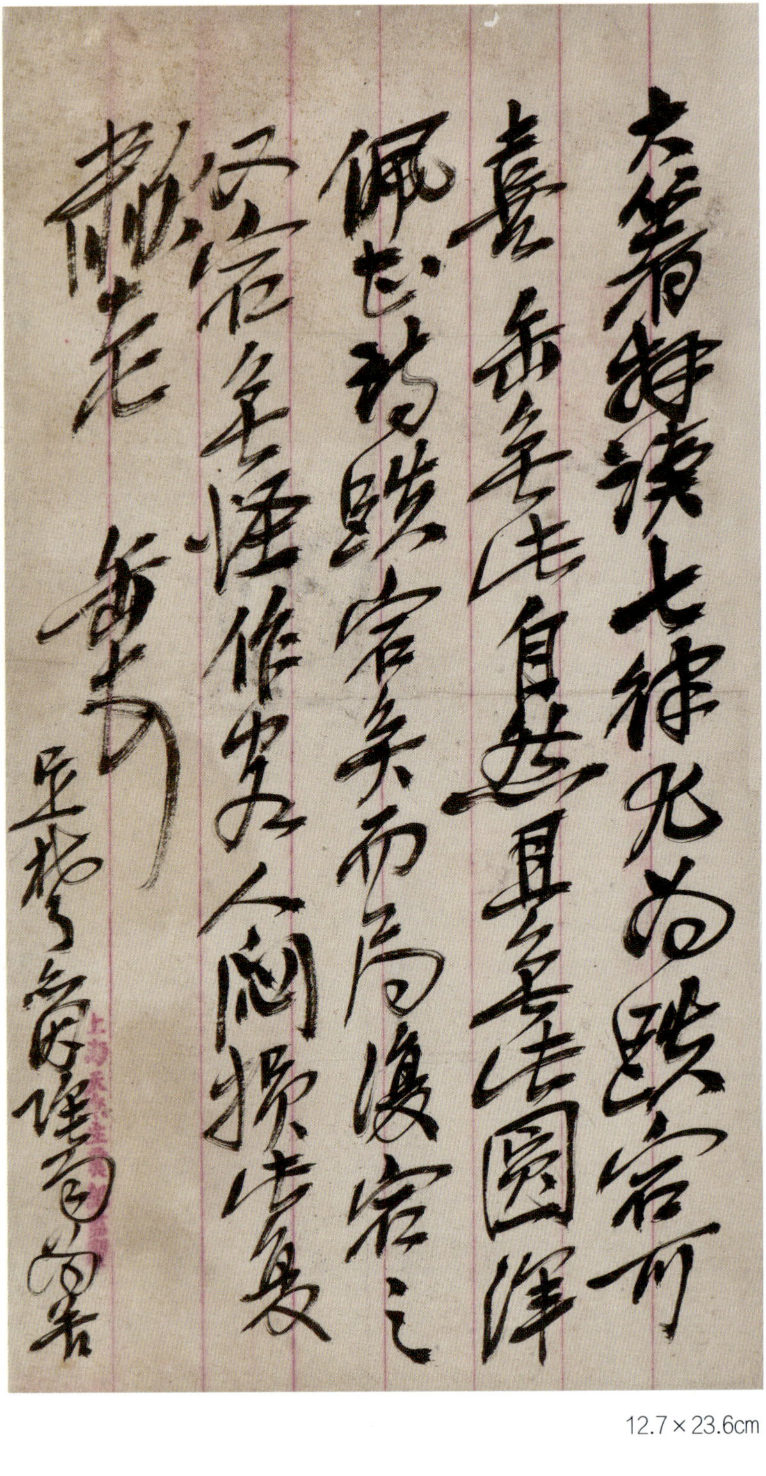

第十通

12.7×23.6cm

〔**释 文**〕

大著拜读，七律尤为跌宕，可喜。缶无此自然，且无此圆浑，佩甚。诗跌宕矣，而局复宕之又宕，无怪作客人闷损。此复
啸老

缶顿首

足楚亦因阴雨为苦。

第十一通

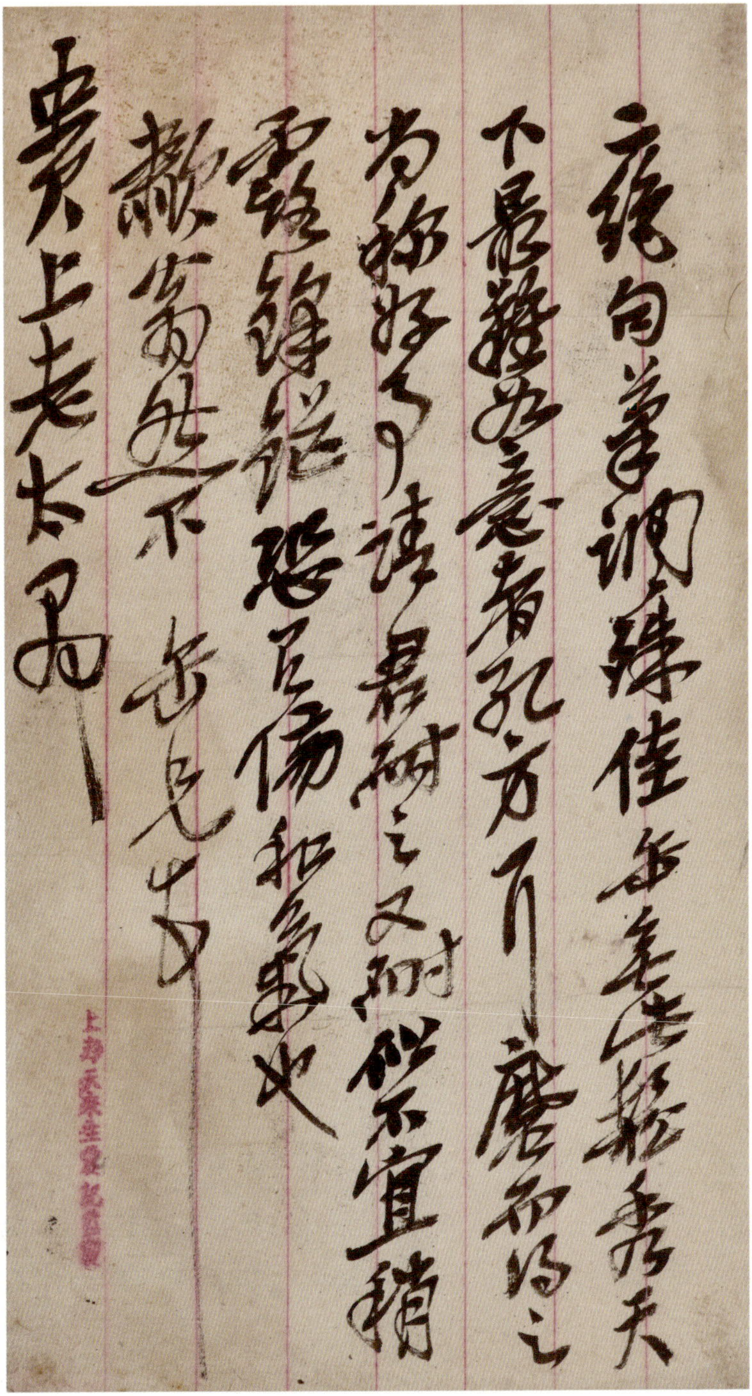

12.7×23.6cm

〔**释　文**〕

二绝句笔调殊佳，缶无此松秀。天下最难如意者孔方耳，磨而得之尚称好事，请君耐之又耐，似不宜稍露锋铓，恐有伤和气也。

啸翁然不？

缶兄顿首

贵上老太爷

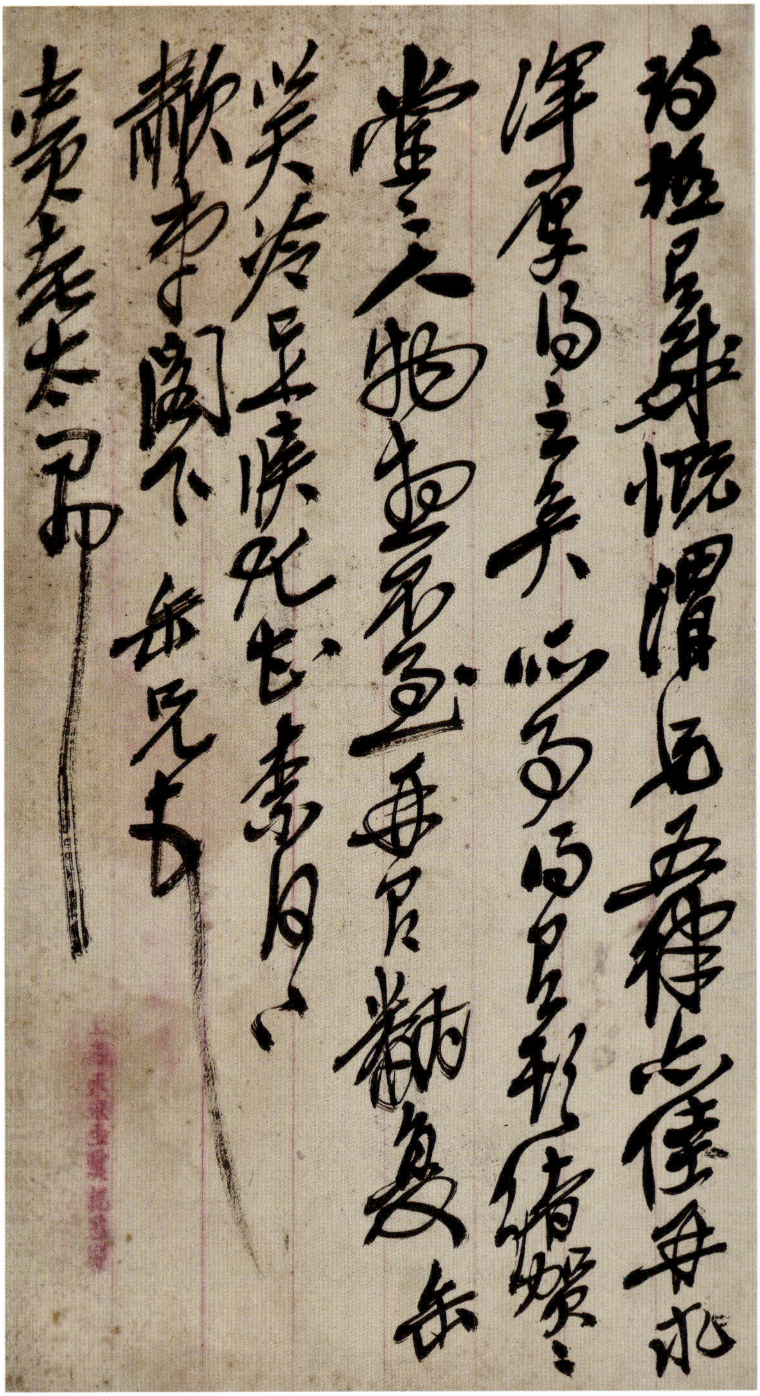

第十二通

12.7×23.6cm

〔释 文〕

诗极有感慨。渭兄五律亦佳，再求浑厚，得之矣。所事得有头绪，贺贺。堂堂人物，想不至再有翻复。缶以天冷，足疾尤甚，奈何奈何。

啸弟阁下

缶兄顿首

贵老太爷

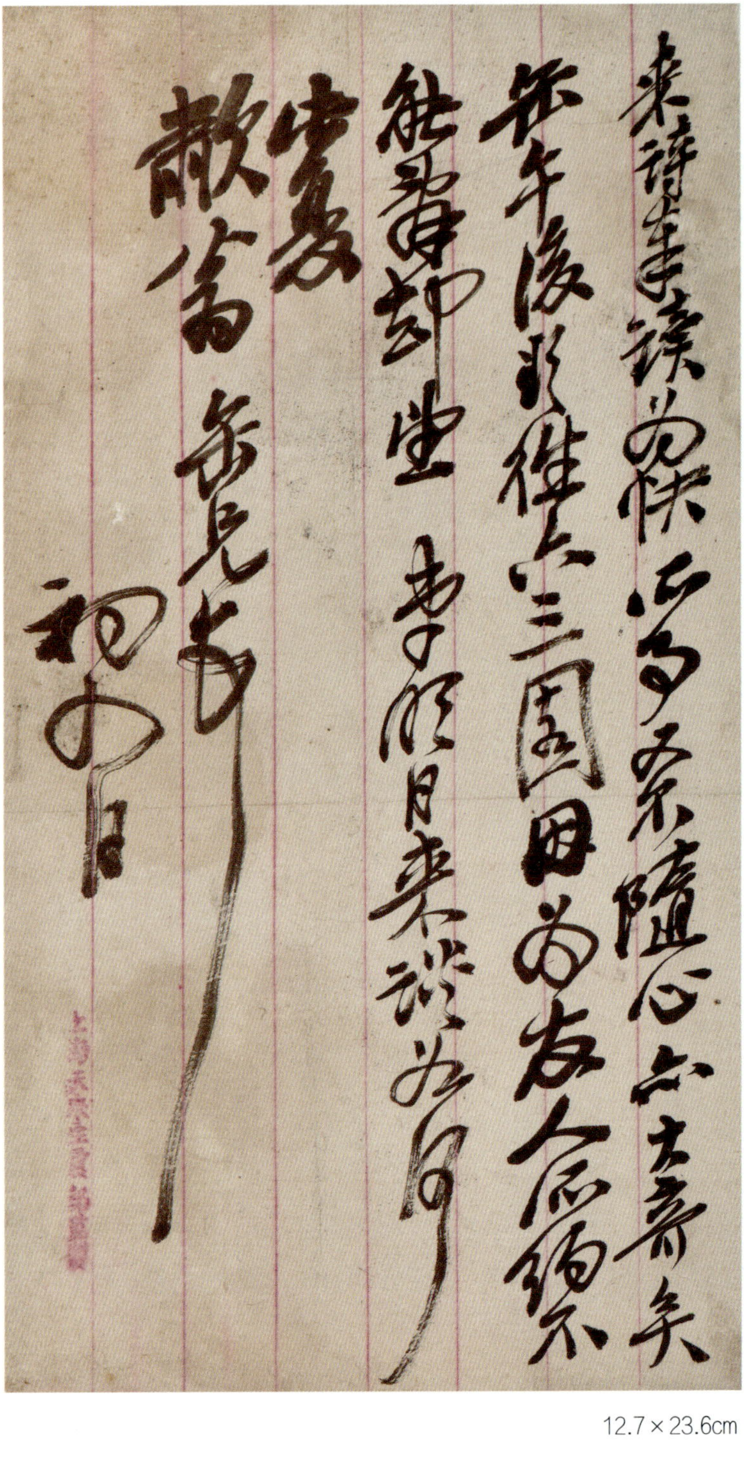

第十三通

12.7×23.6cm

〔释 文〕

来诗奉读为快，所事又不随心，亦大奇矣。缶午后欲往六三园，因为友人所约，不能辞却，望弟明日来谈，如何？此复

啸翁

缶兄顿首

初四日

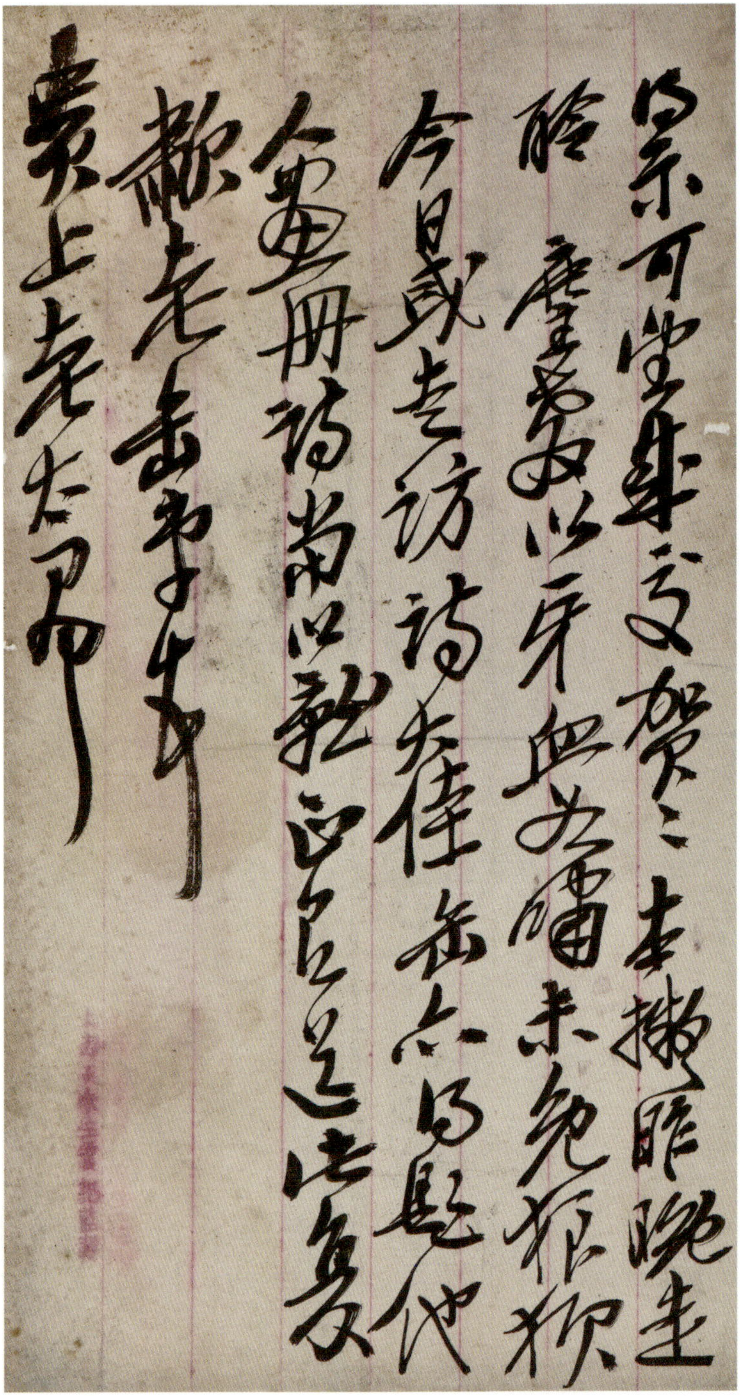

第十四通

12.6×23.7cm

〔**释 文**〕

得示，可望成交，贺贺。本拟昨晚走聆麈教，以牙血如啸，未免狼狈。今日或走访。诗大佳。缶亦得题他人画册诗，当以就正有道。此复
啸老

缶弟顿首

贵上老太爷

第十五通

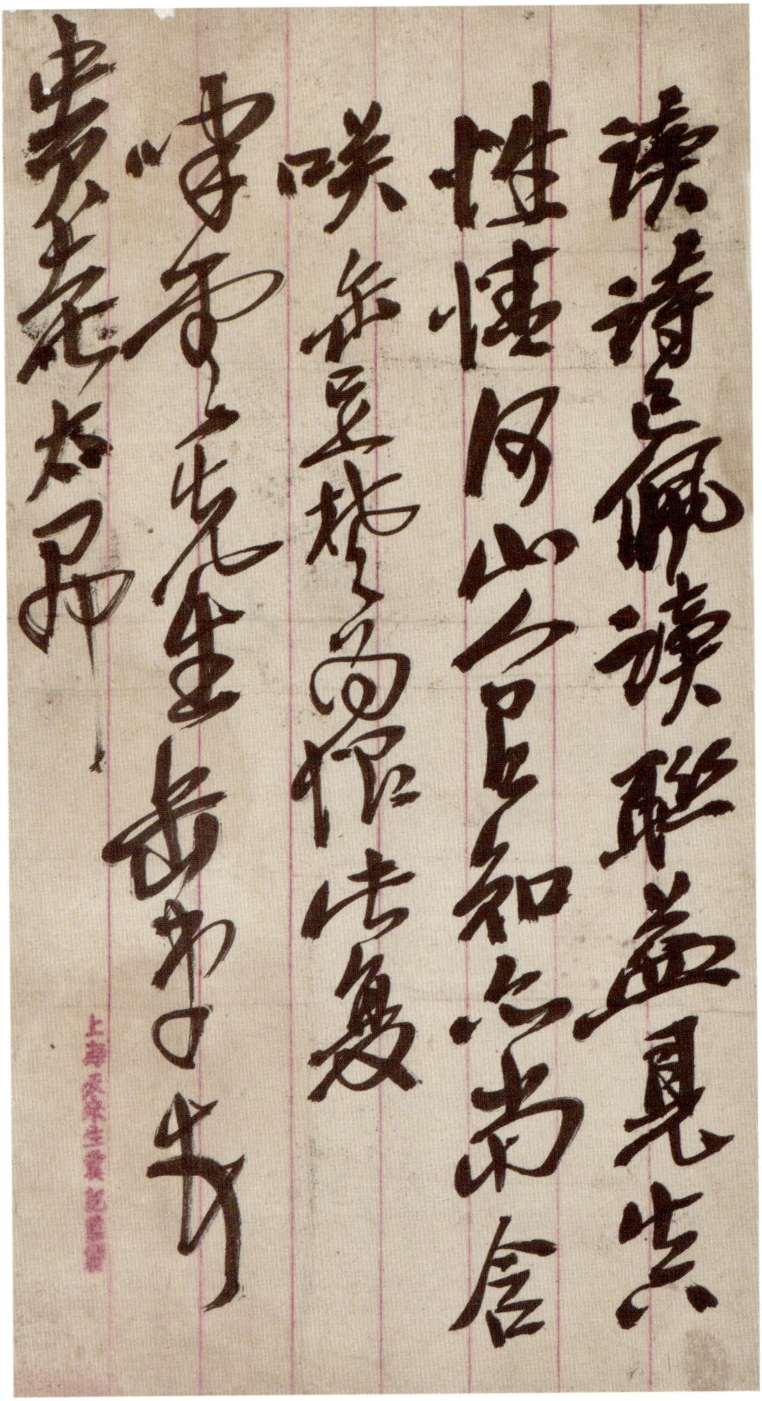

12.7×23.6cm

〔**释 文**〕

读诗已佩，读联益见真性情，何山人有知，亦当含笑。缶足楚为恨。

此复

啸云先生

缶弟顿首

贵老太爷

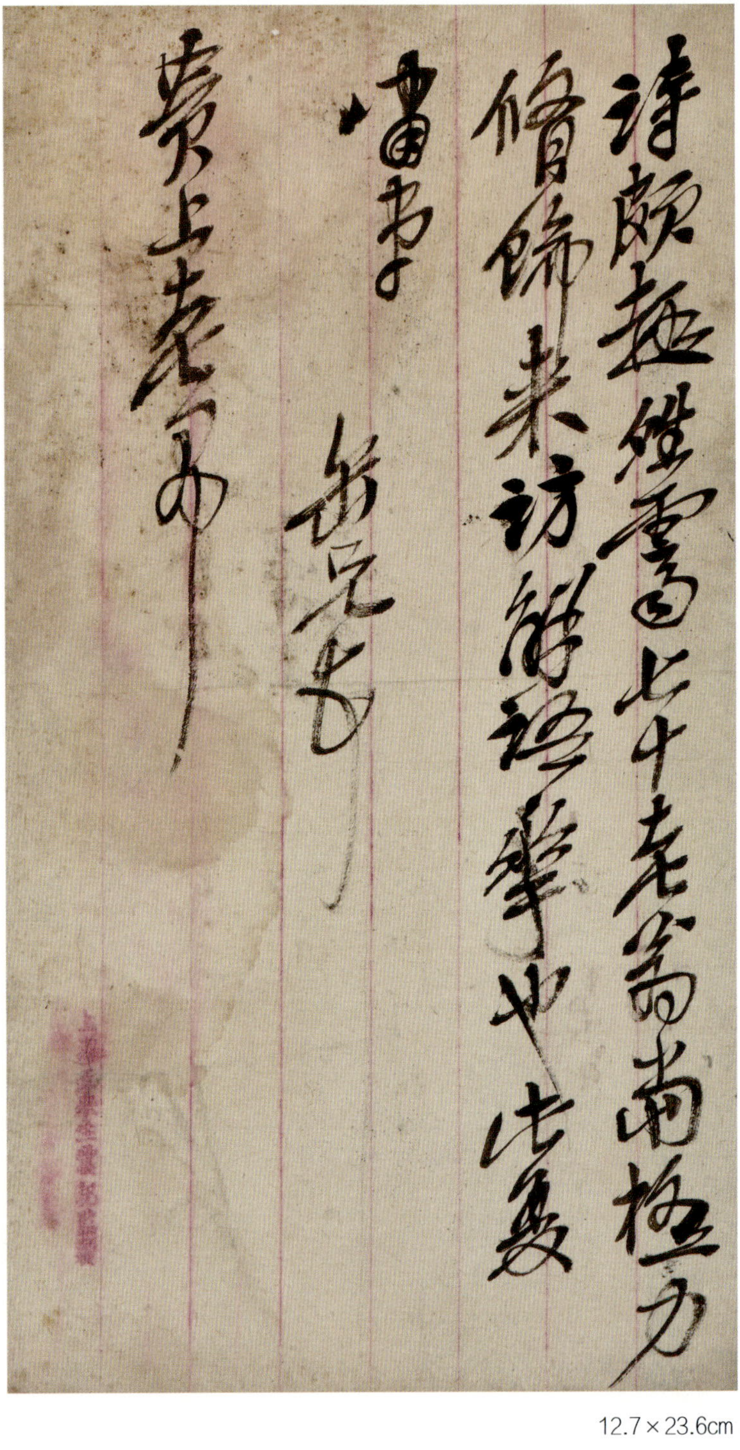

第十六通

12.7×23.6cm

〔**释 文**〕

诗颇趣。晴霁，七十老翁当极力修饰，来访解语华也。此复

啸弟

缶兄顿首

贵上老爷

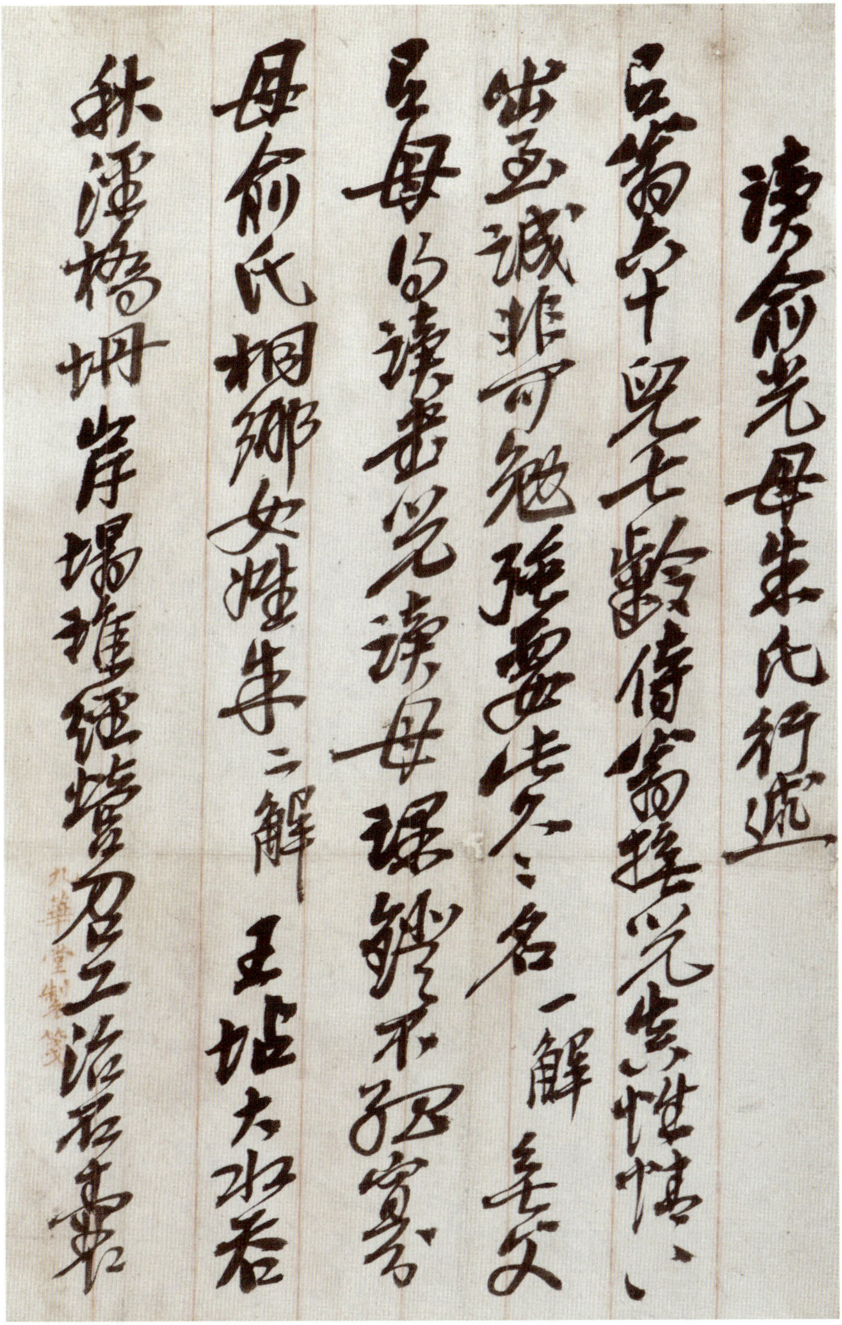
讀俞先母朱氏行述

17×26cm

第十七通①

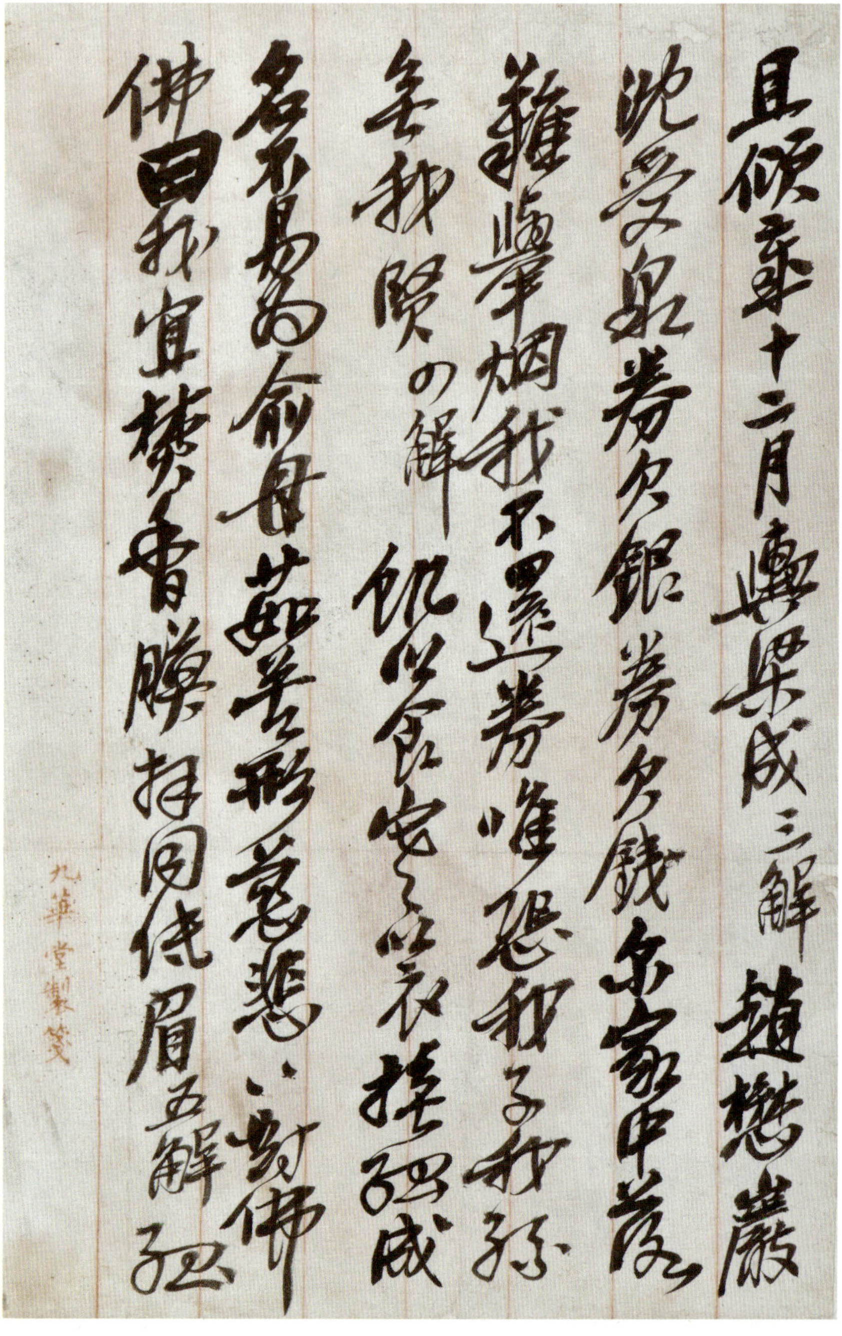

第十七通②

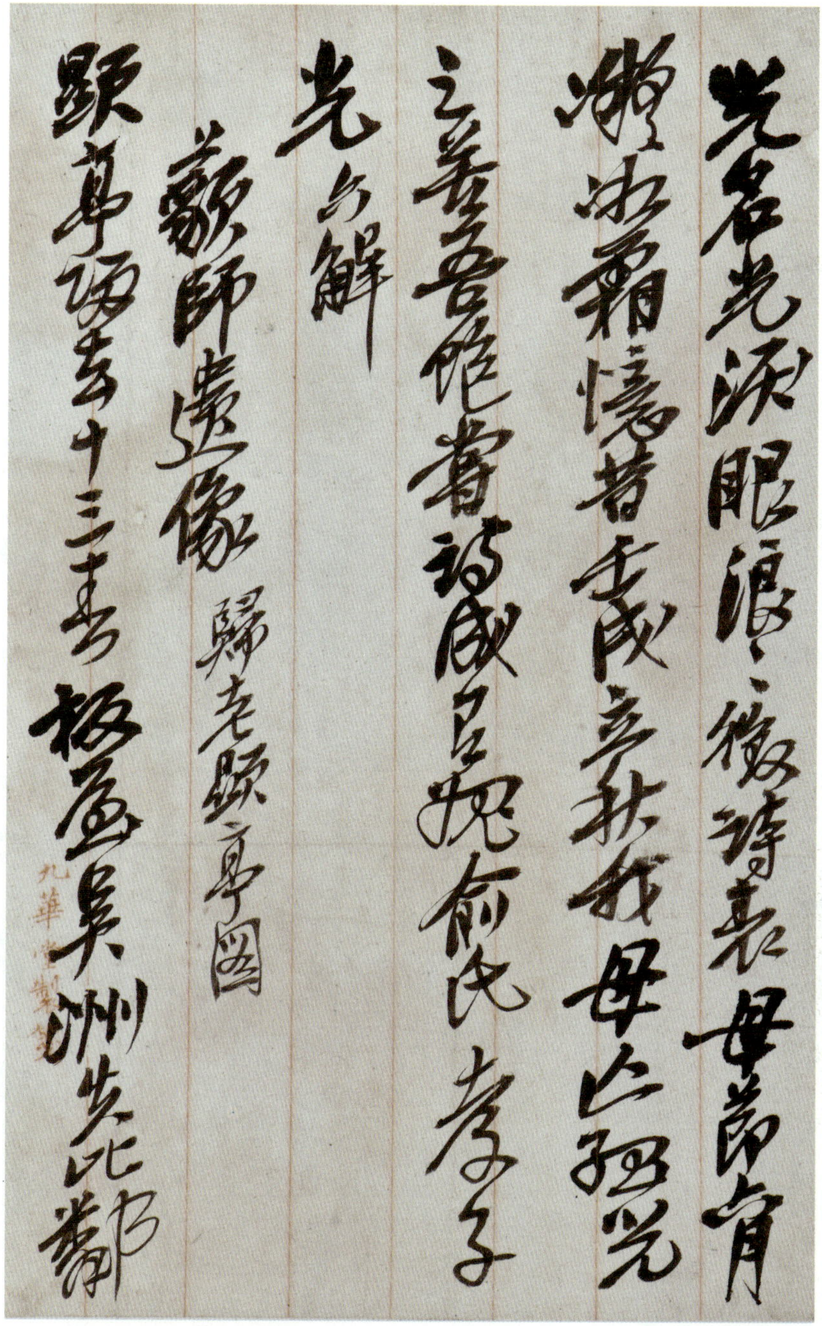

第十七通③

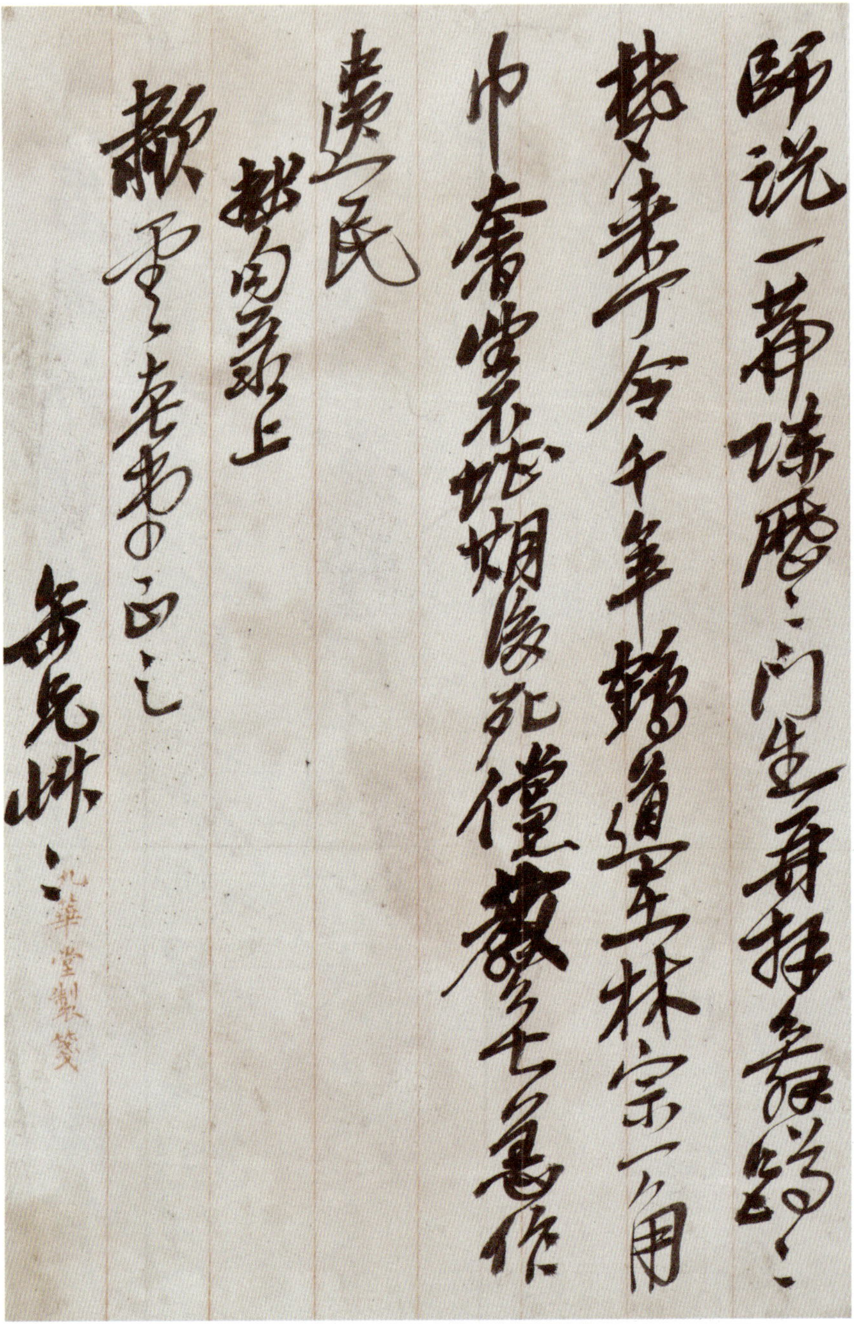

第十七通④

〔释 文〕

《读俞光母朱氏行述》

有翁六十儿七龄，侍翁抚儿真性情。性情出至诚，非可勉强要此久久名。（一解）

无父有母得读书，儿读母课镫不孤，寡母俞氏桐乡女姓朱。（二解）

王坫大水吞秋泾，桥坍岸塌谁经营。召工治石囊且倾，岁十二月舆梁成。（三解）

赵懋岩、沈受泉，券欠银，券欠钱。尔家中落难举烟，我不还券，唯恐我子我孙无我贤。（四解）

饥以食，寒以衣，抚孤成名不易为，俞母茹苦形慈悲。慈悲对佛，佛曰我宜焚香膜拜同低眉。（五解）

孤儿名光，泪眼浪浪。征诗表母节，六月凝冰霜。忆昔壬戌立秋我母亡，孤儿之苦吾饱尝，诗成有愧俞氏孝子光。（六解）

《藐师遗像》（归老显亭图）

显亭归去十三春，板屋吴洲失比邻。师说一篇陈历历，门生再拜舞蹲蹲。梦来丁令千年鹤，道在林宗一角巾。奢望不堪期后死，傥教无恙作遗民。

拙句录上，

啸云老弟正之。

缶兄草草

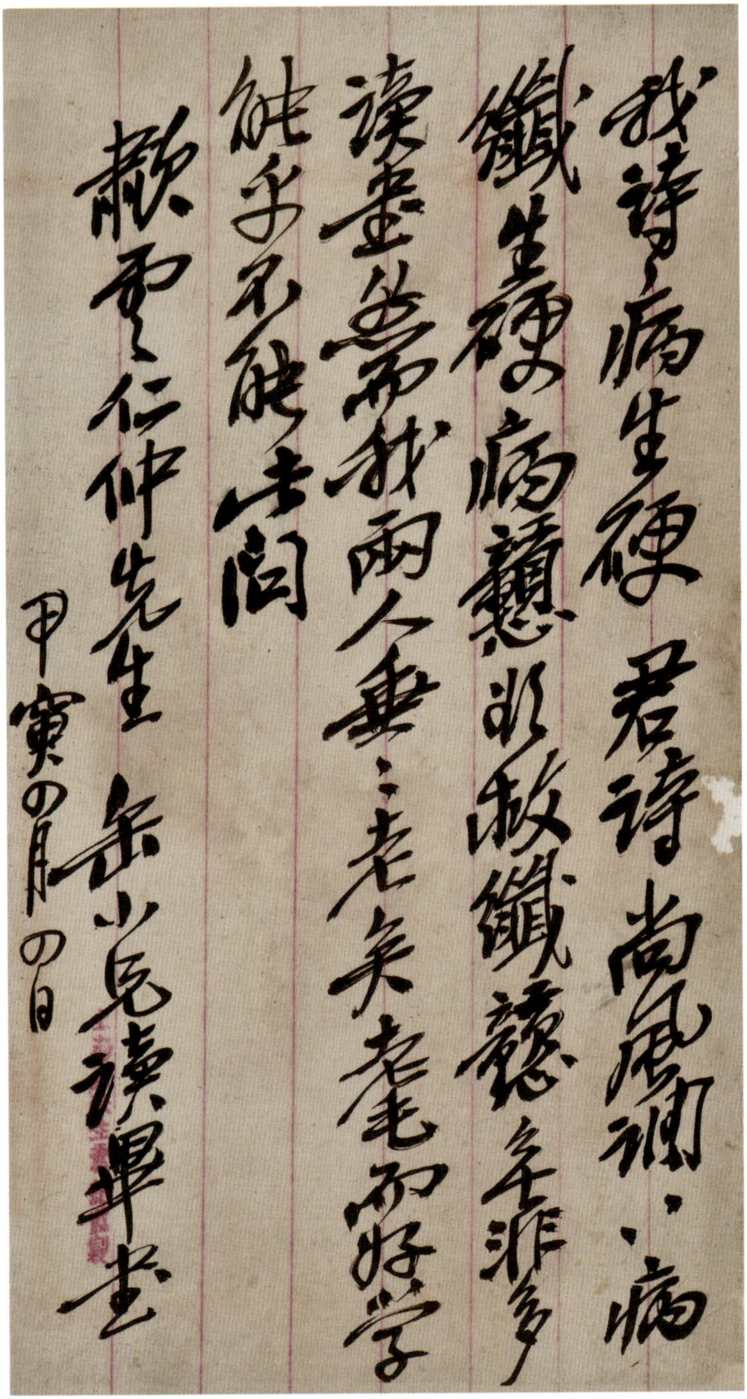
我詩多病生硬　君詩尚風調、、病
纖生硬病懸[illegible]敢纖[illegible]非多
讀書無[illegible]我兩人無、老矣老而好學
能乎不能[illegible]問
叔雅仁仲先生　[illegible]讀畢去
甲寅四月四日

第十八通

12.7×23.6cm

〔**释 文**〕

我诗病生硬，君诗尚风调。风调病纤，生硬病戆。欲救纤、戆，无非多读书。然而我两人垂垂老矣，耄而好学，能乎不能？此问

啸云仁仲先生

缶小兄读毕书

甲寅四月四日

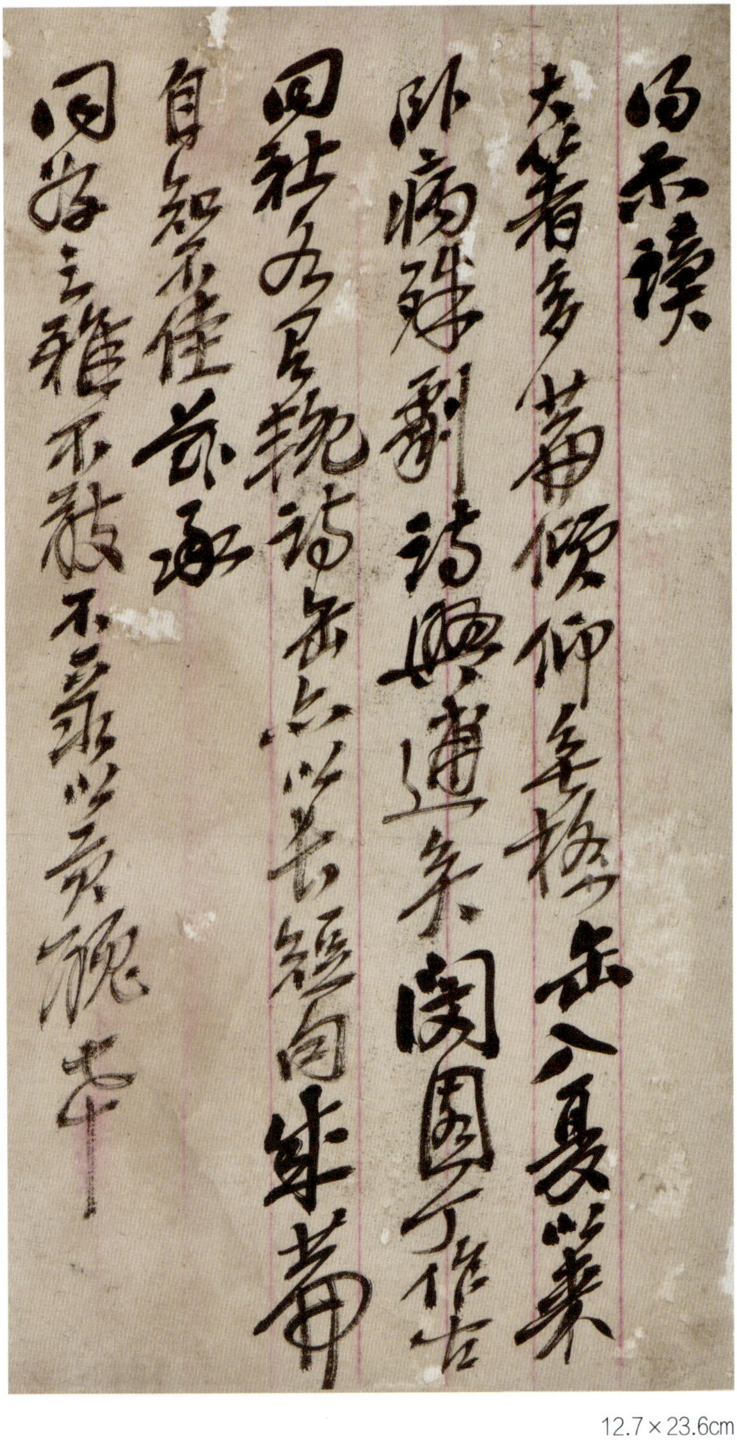

第十九通①

12.7×23.6cm

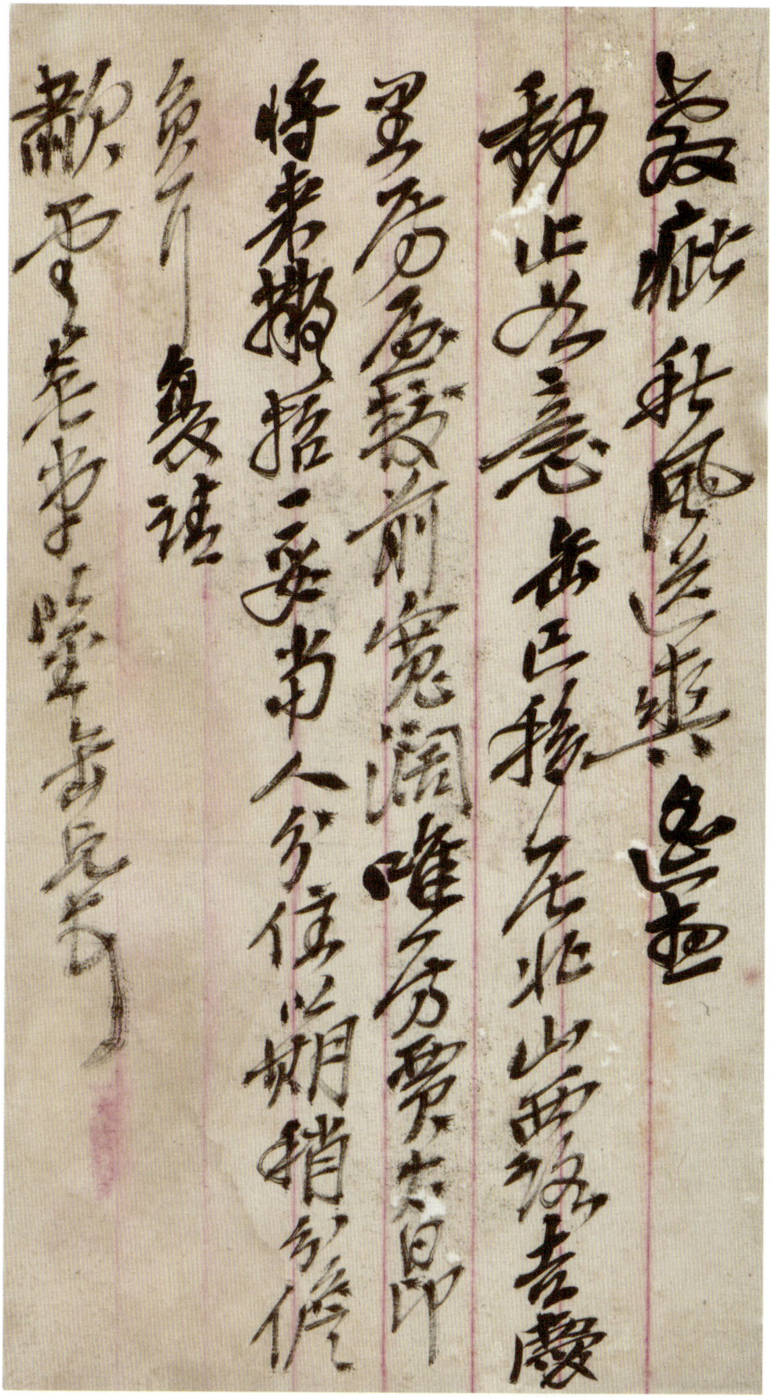
炎疵秋風送來，惠書
靜止如意，無已移在北山西路吉慶
里。寓屋面勢前寬闊，唯房費太貴，即
將來擬搭二要當中人分住，以期稍節儉
兔可　集議
款丙　弟卷字　嘉季兄前

第十九通②

〔**释 文**〕

得示，读大著多篇，倾仰无极。缶入夏以来，卧病殊剧，诗兴逋矣。闵园丁作古，同社各有輓诗，缶亦以长短句成篇，自知不佳，兹承同好之雅，不敢不录以贡丑，幸教疵。秋风送爽，遥想动止如意。缶已移居北山西路吉庆里，房屋较前宽阔。唯房贾太昂，将来拟招一妥当人分住，以期稍分儋负耳。复请

啸云老弟鉴

缶兄顿首

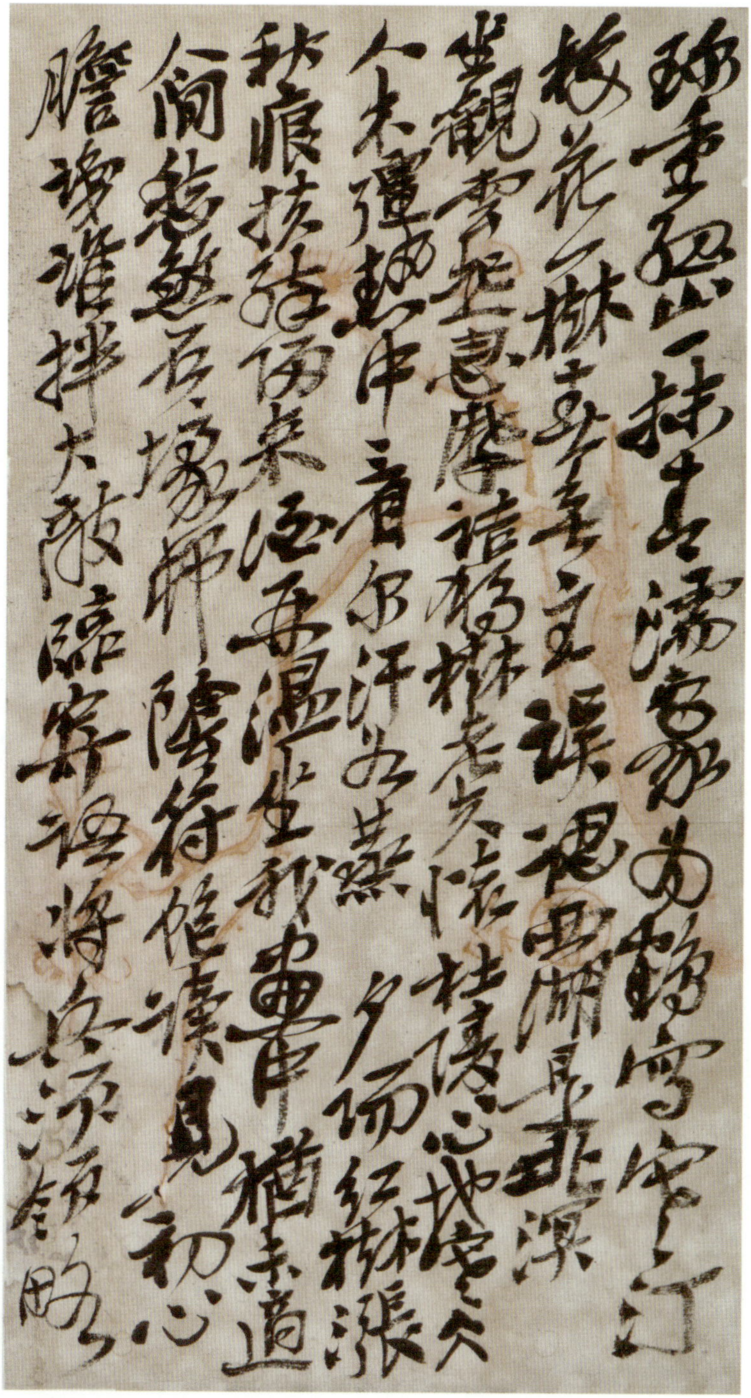

第二十通①

12.3×22.2cm

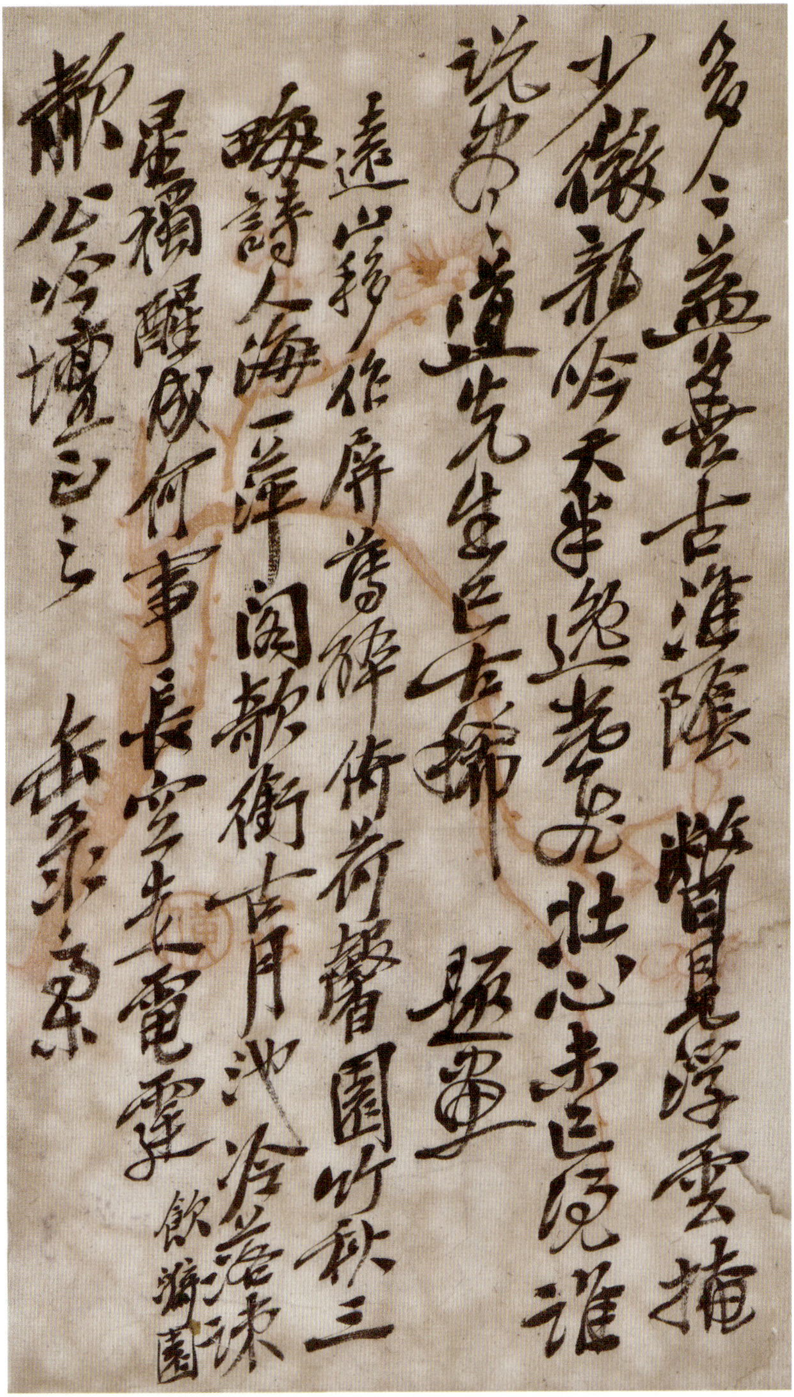

第二十通②

〔**释 文**〕

珍重孤山一抹青，濡豪为鹤写寒汀。梅花一树春无主，误认西湖是北溟。坐观云起思摩诘，独树老夫怀杜陵。心地寒冰人木强，热中看尔汗如蒸。夕阳红树涨秋痕，扶醉归来酒再温。坐我画中犹未适，人间愁煞石壕村。阴符饱读见初心，胆识谁拌大敌临。寄语将兵须领略，多多益善古淮阴。瞥见浮云掩少微，龙吟天半逸光飞。壮心未已凭谁说，尽道先生已古稀。

——《题画》

远山移作屏，薄醉倚荷馨。园竹秋三亩，诗人海一萍。阁欹衔古月，池冷落疏星。独醒成何事，长空走电霆。

——《饮漪园》

啸公吟坛正之。

缶录稿。

第二十一通

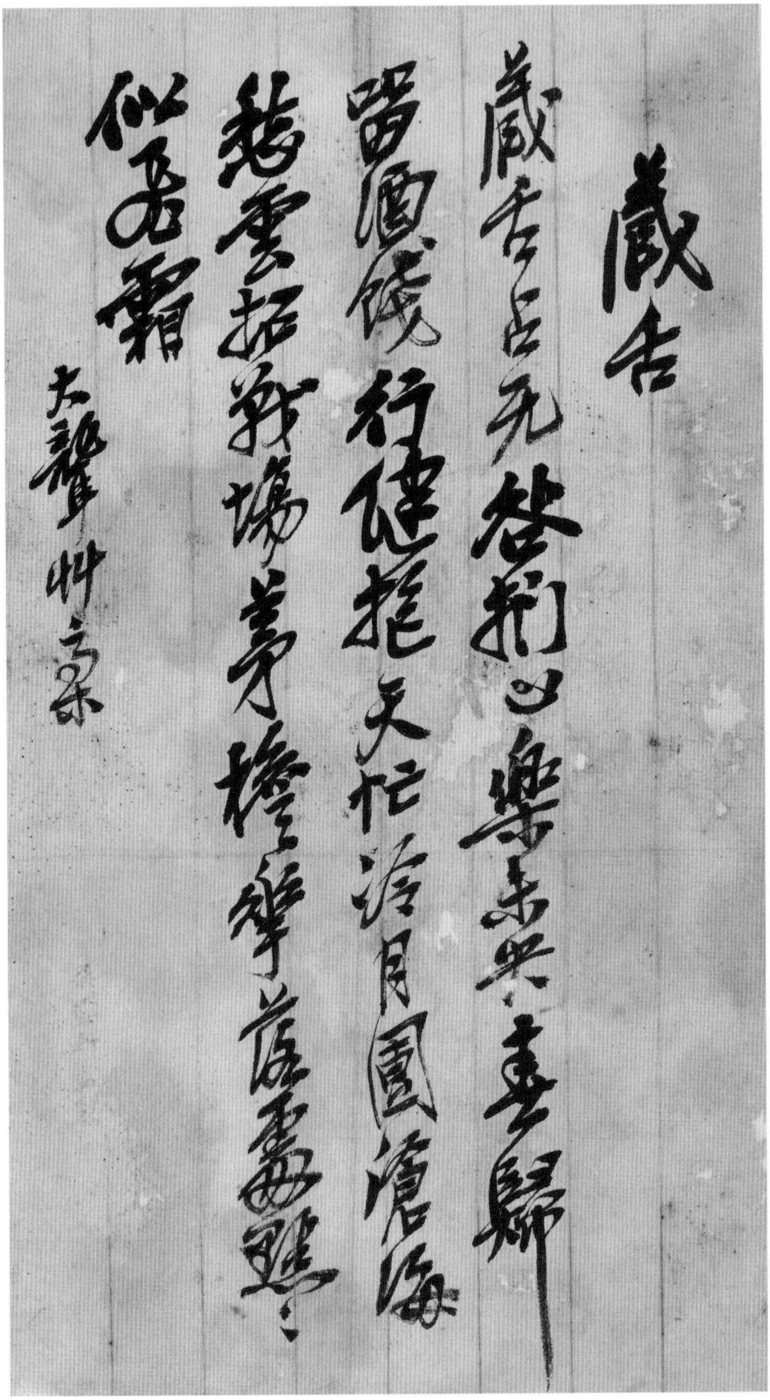

12.7×23.6cm

〔**释 文**〕

《藏舌》

藏舌占无咎，扪心乐未央。春归留酒饯，行健抱天忙。冷月团沧海，愁云拓战场。茅檐华落处，点点似飞霜。

大聋草稿。

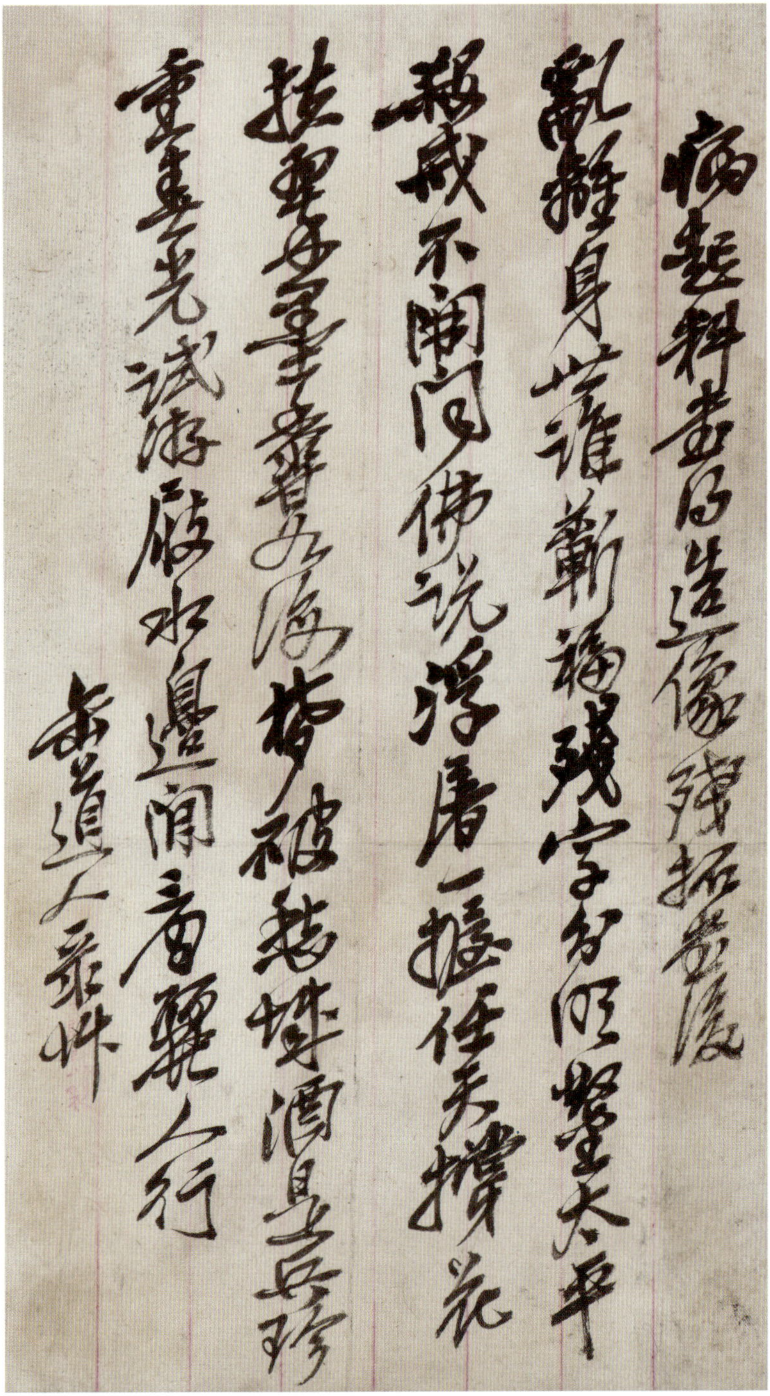

第二十二通

12.7×23.6cm

〔**释　文**〕

《病起料书，得造像残拓书后》

乱离身世谁蕲福，残字分明凿太平。杀戒不开闻佛说，浮屠一握任天撑。

花扶翠墨香如海，梦破愁城酒是兵。珍重春光试游屐，水边闲看丽人行。

缶道人录草。

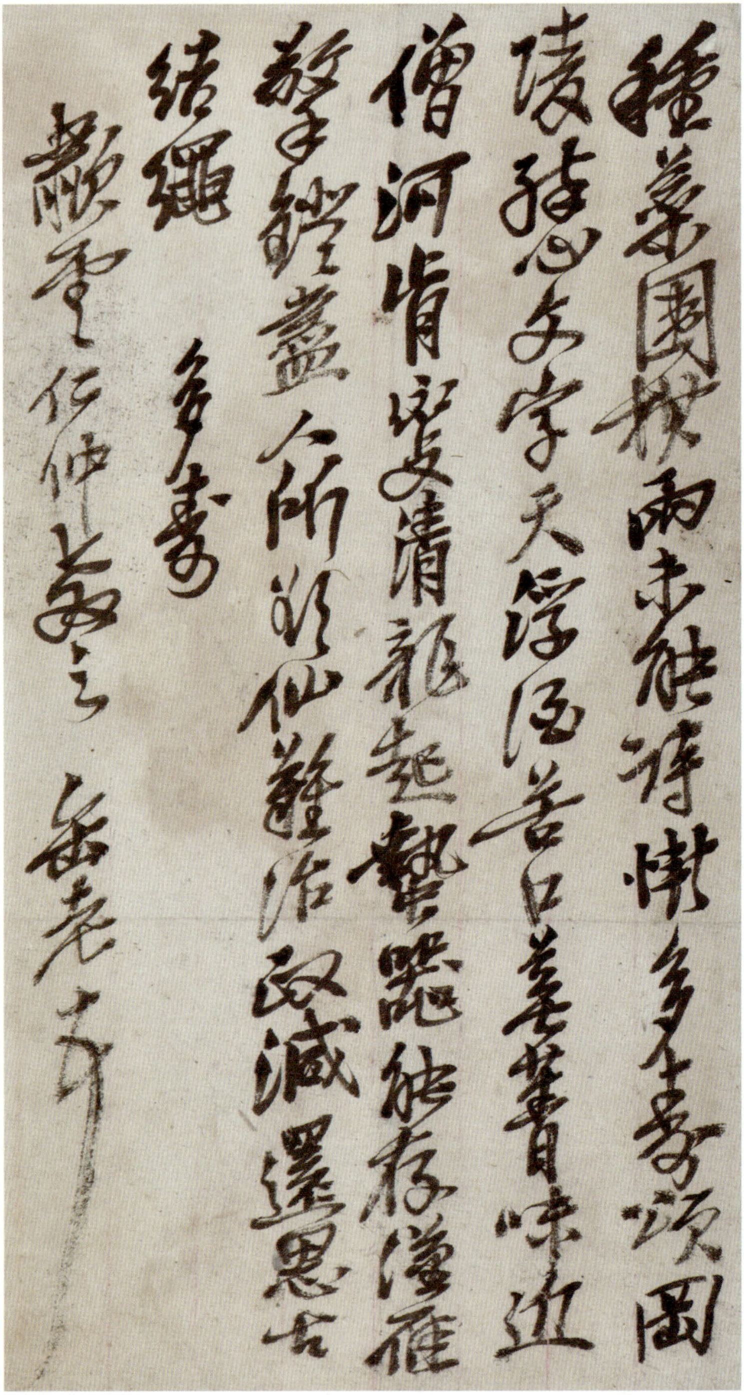

第二十三通

12.7×23.6cm

〔**释　文**〕

种菜围棋两未能，诗惭多寿颂冈陵。醉心文字天浮酒，苦口芜菁味近僧。河肯变清龙起蛰，器能存汉雁擎镫。尽人所欲仙难治，政减还思古结绳。——《多寿》

　　啸云仁仲教之。

缶老顿首

第二十四通

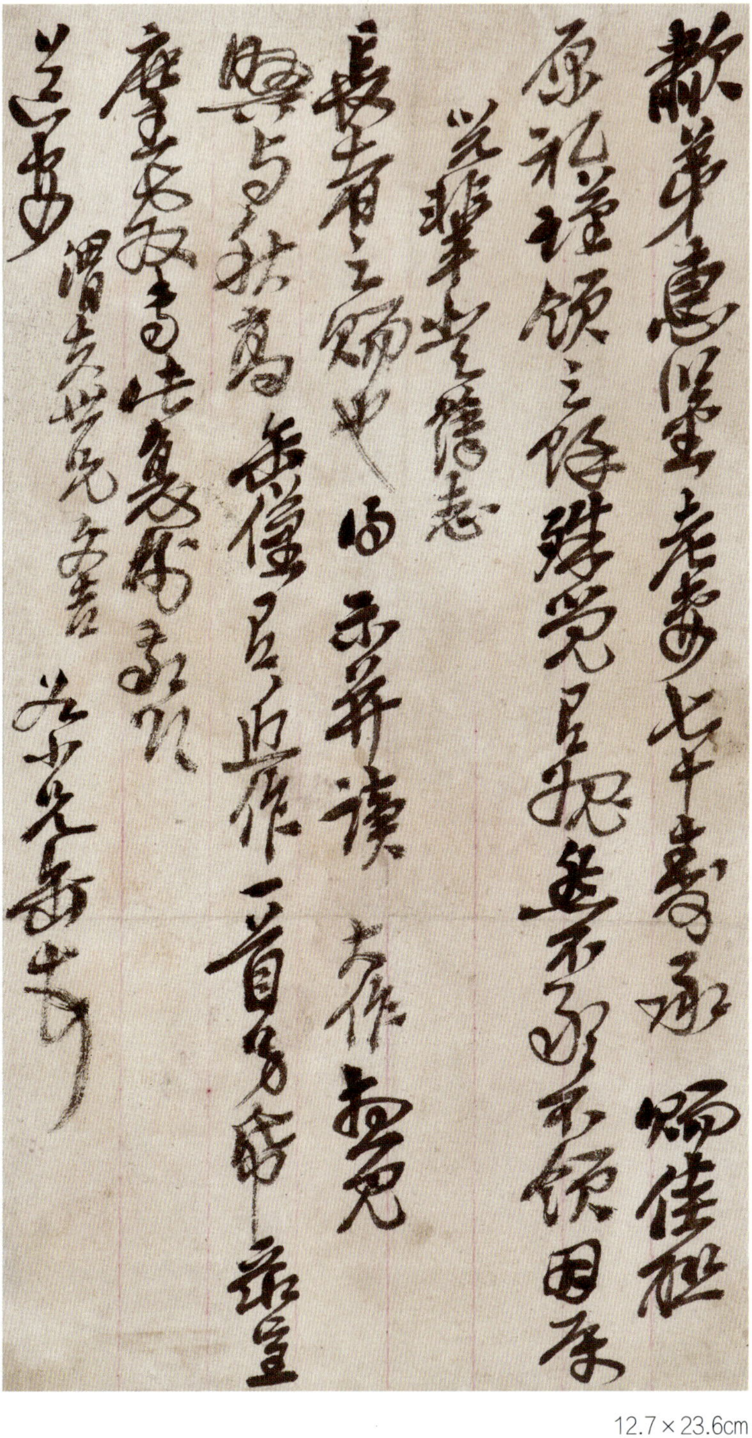

12.7×23.6cm

〔**释 文**〕

啸弟惠鉴：

老妻七十寿，承赐佳联、厚礼，谨领之馀，殊觉有愧。然不敢不领，因属儿辈登簿志，长者之赐也。得示，并读大作，想见兴与秋高。缶仅有近作一首，另纸录呈麈教。专此复谢。敬颂

道安

如小兄缶顿首

渭夫世兄文吉。

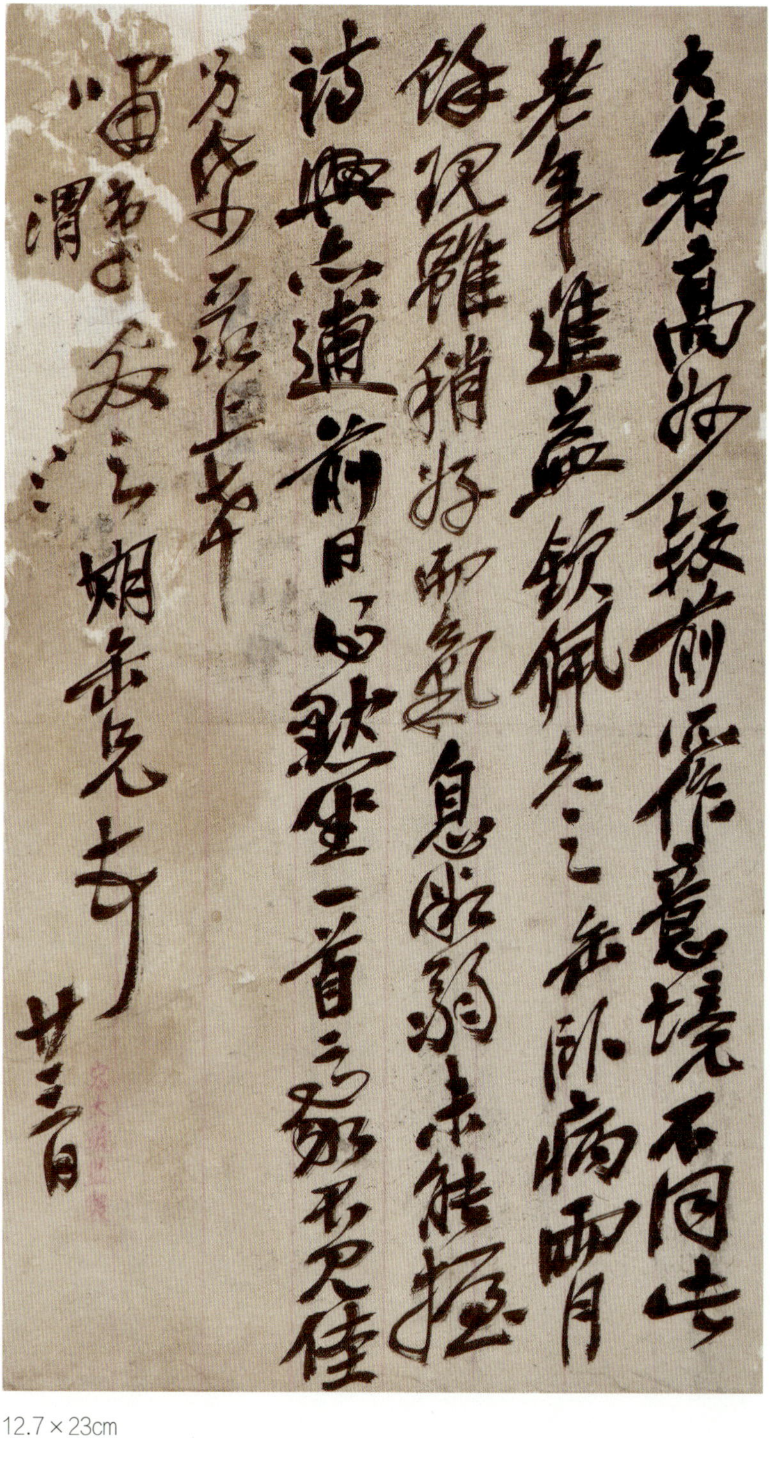

12.7 × 23cm

第二十五通①

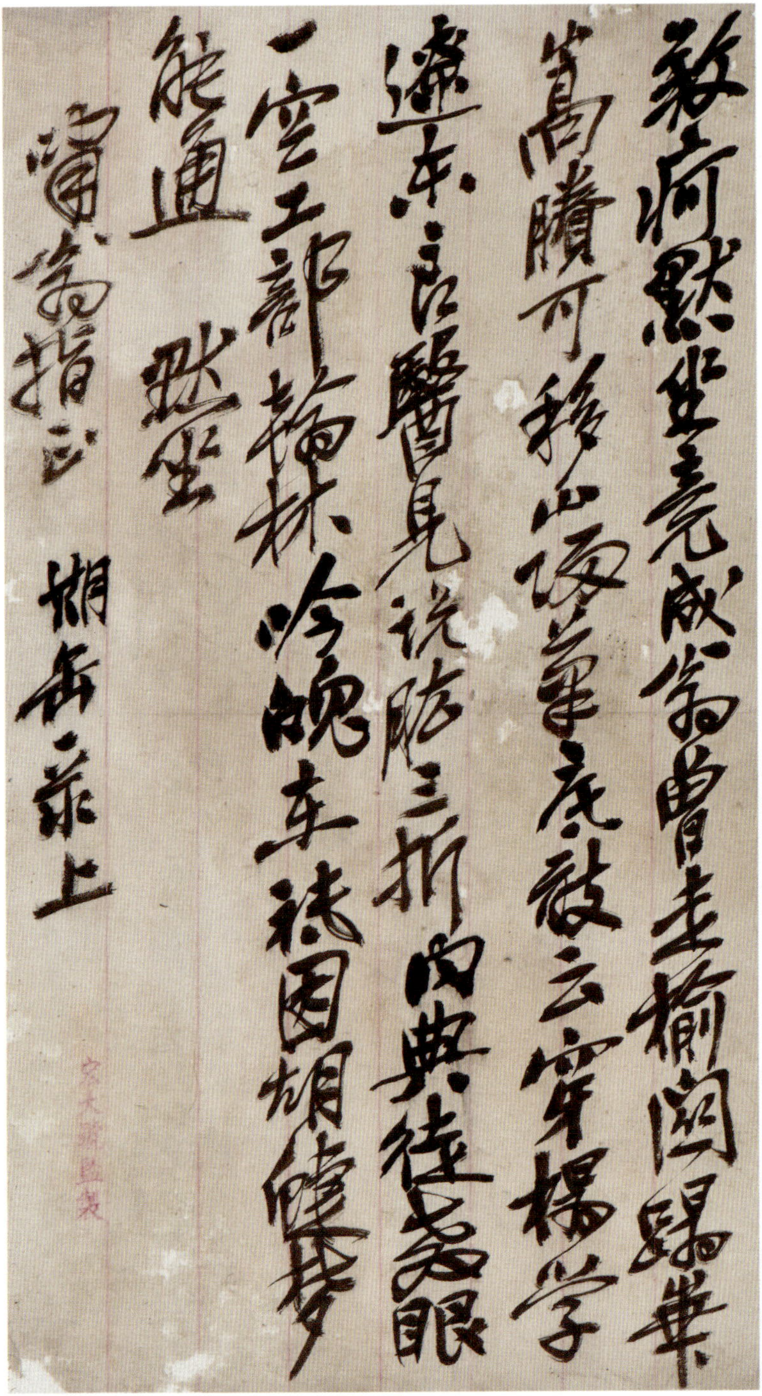

第二十五通②

〔释 文〕

大著高妙，较前所作意境不同，此老年进益，钦佩久之。缶卧病两月馀，现虽稍好，而气息微弱，未能握，诗兴亦逋。前日得《默坐》一首，稿不见佳，另纸录上。幸
啸弟教之。

期缶兄顿首

廿三日

渭（下阙）

养疴默坐竟成翁，曾走榆关蹋华嵩。剩可移山归笔底，敢云穿榻学辽东。良医见说肱三折，内典徒教眼一空。工部翰林吟魄在，只因胡蝶梦能通。——《默坐》。

啸翁指正。

期缶录上

第二十六通

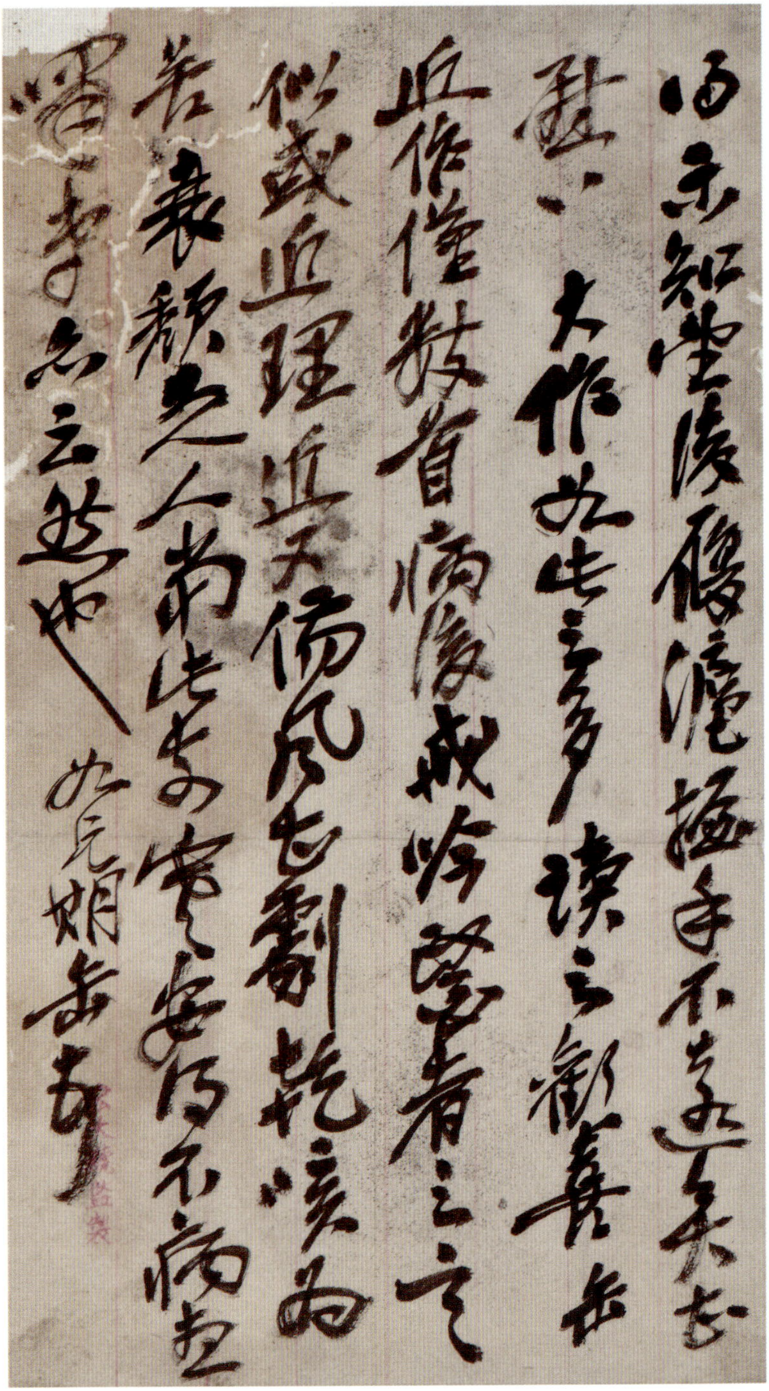

12.7×23cm

〔**释 文**〕

得示，知望后履沪，握手不远矣，甚慰甚慰。大作如此之多，读之欢喜。缶近作仅数首。病后戒吟，医者之言，似或近理。近又伤风甚剧，干咳为苦。衰颓之人，当此奇寒，安得不病？想
啸弟亦云然也。

如兄期缶顿首

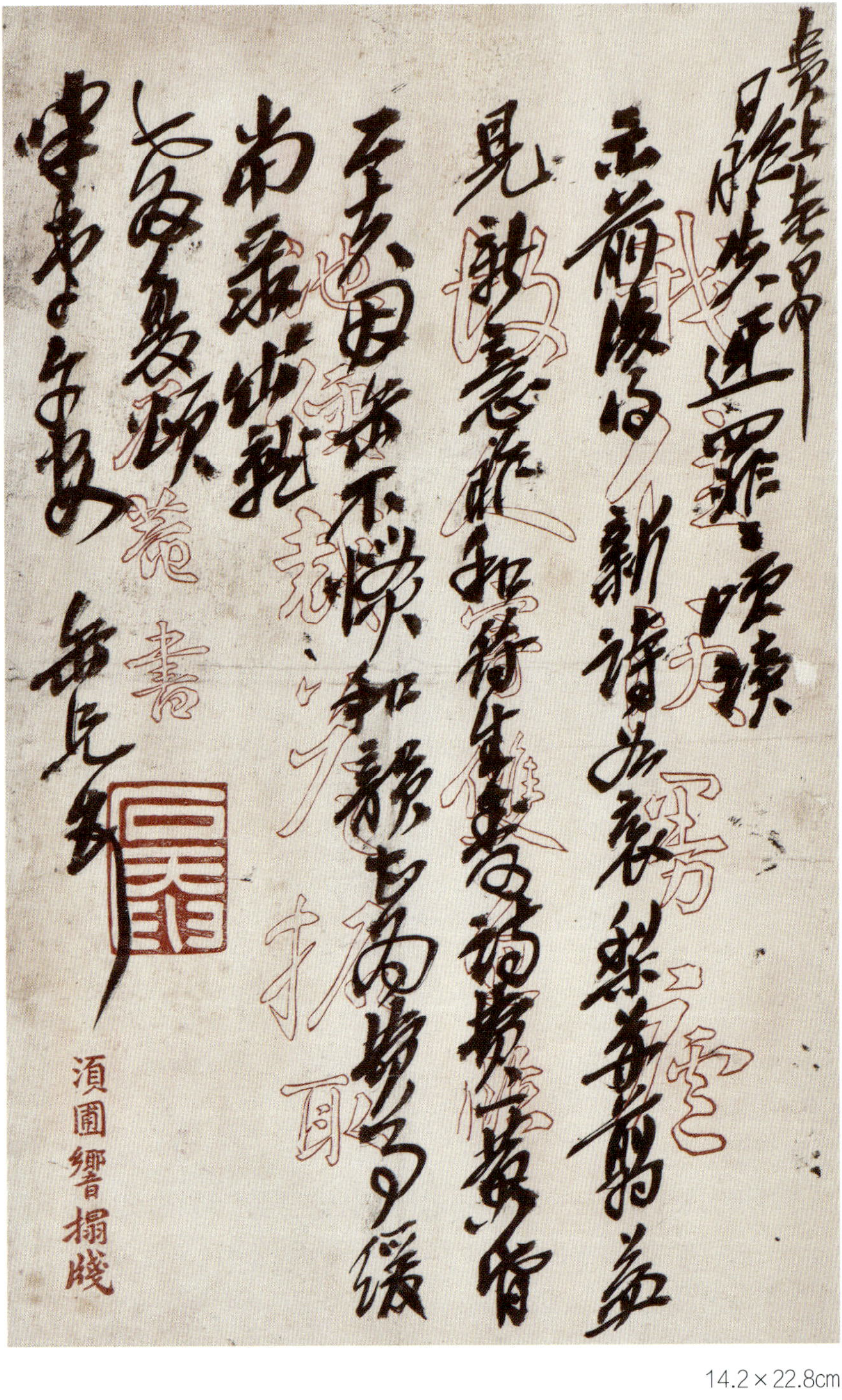

第二十七通

14.2×22.8cm

〔**释　文**〕

贵上老爷

日昨失迓，罪罪。顷读示前后得新诗，如哀梨并翦，益见新意。昨和符生寿诗，费一黄昏工夫。因缶不惯和韵，甚为费事。缓当录出就教。复颂

啸弟文安。

缶兄顿首

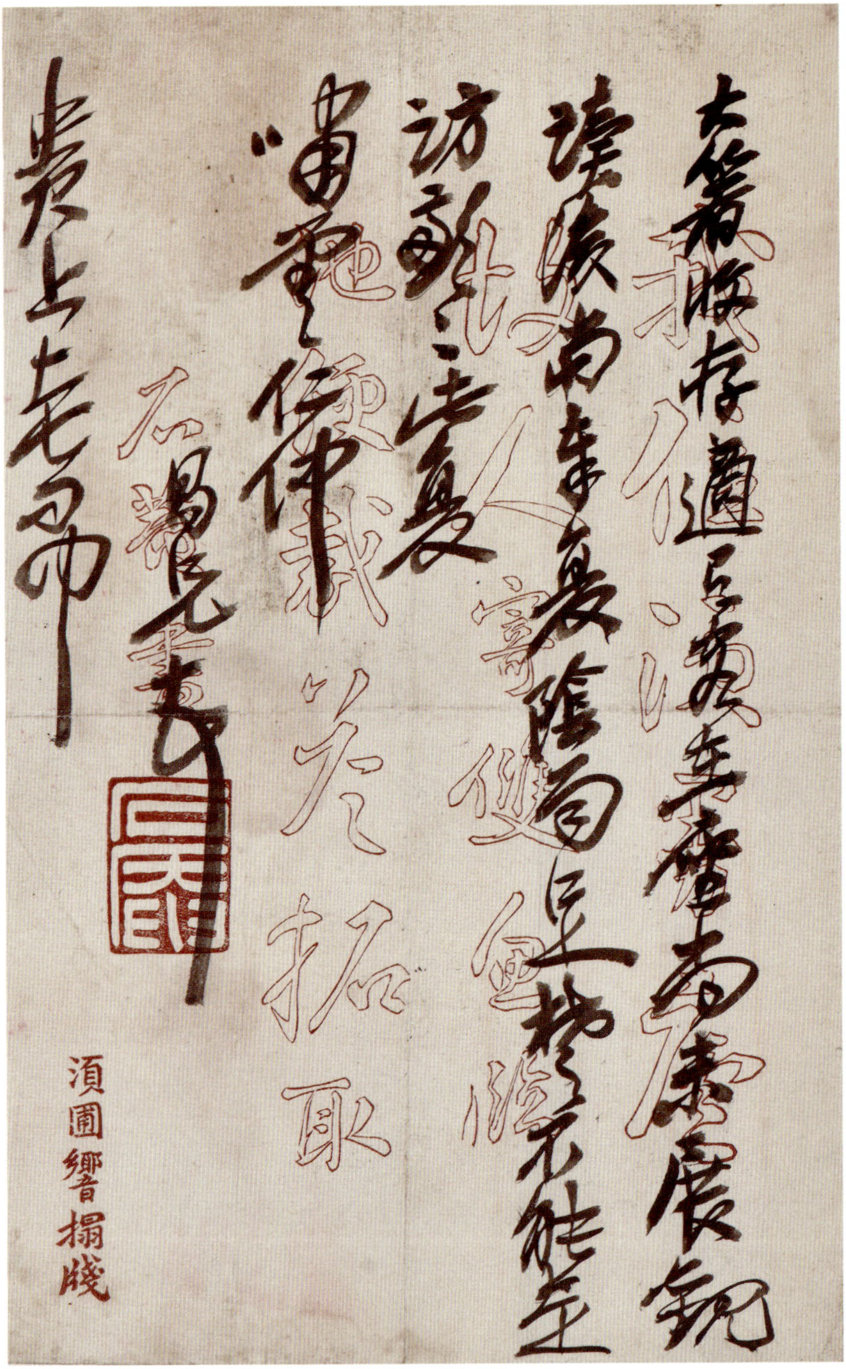

第二十八通

14.2×22.8cm

〔**释 文**〕

大著收存。适有客在座，尚未展观，读后当奉复。阴雨，足楚不能走访，歉歉。此复

啸云仁仲

昌兄顿首

贵上老爷

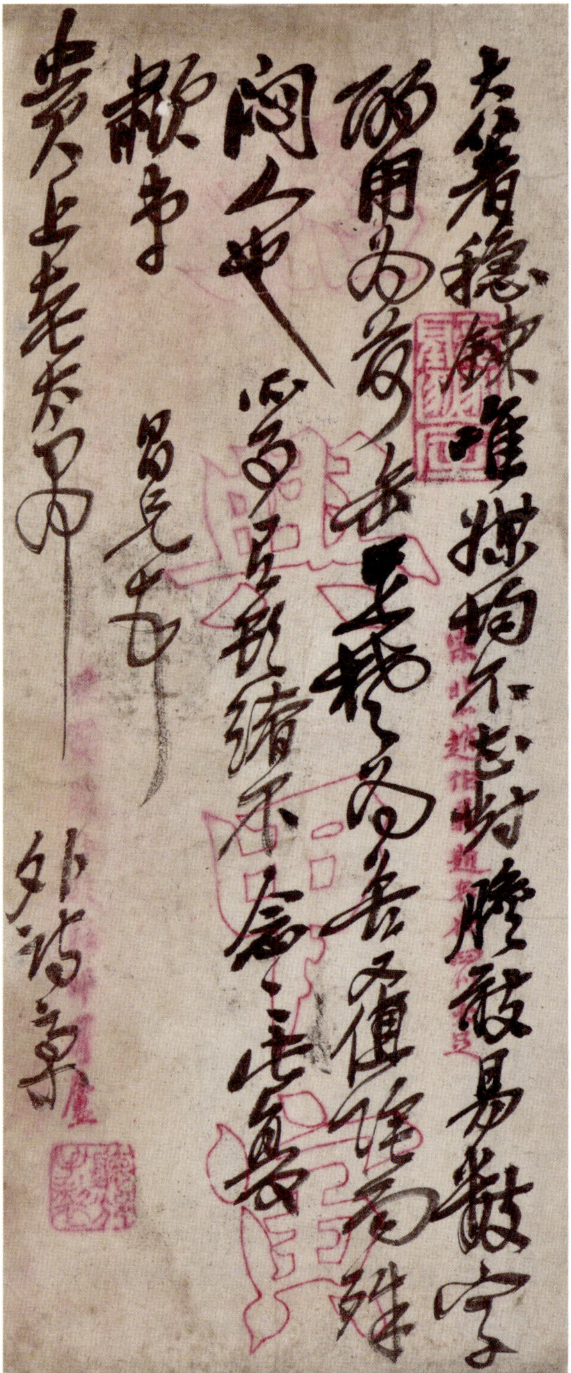

第三十通

10.2×25cm

〔**释 文**〕

大著稳炼，唯“媒”韵不甚对。胆敢易数字，酌用为荷。缶足楚为苦，又值阴雨，殊闷人也。所事有头绪不？念念。此复

啸弟

昌兄顿首

贵上老太爷　外诗稿

第三十一通

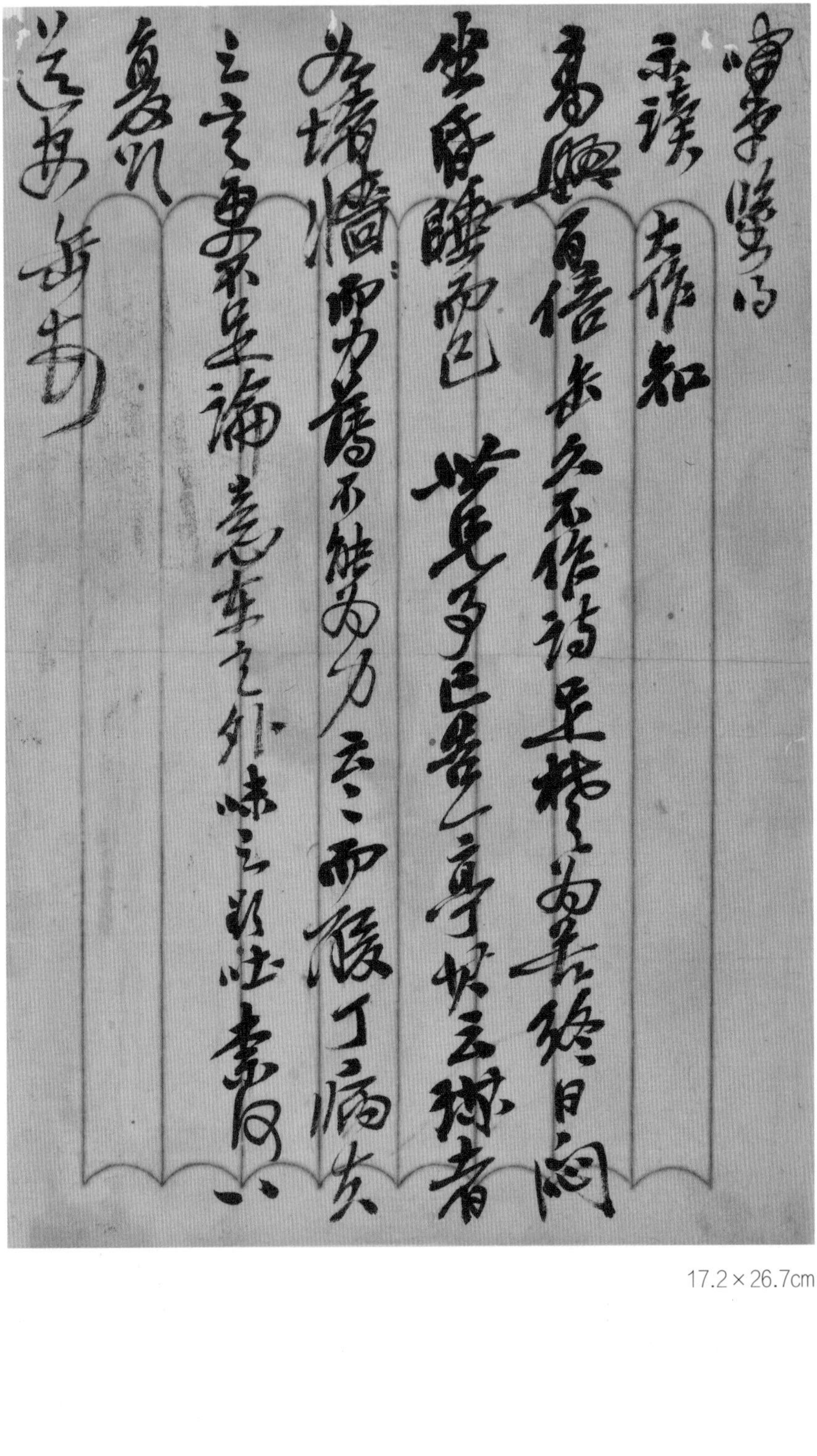

17.2×26.7cm

〔**释　文**〕

啸弟鉴：

得示，读大作，知高兴百倍。缶久不作诗，足楚为苦，终日闷坐昏睡而已。世兄事已告一亭，其云谋者如堵墙，力薄不能为力云云，而酸丁病夫之言更不足论。意在言外，味之欲吐，奈何奈何。复颂

道安。

缶顿首

第三十二通

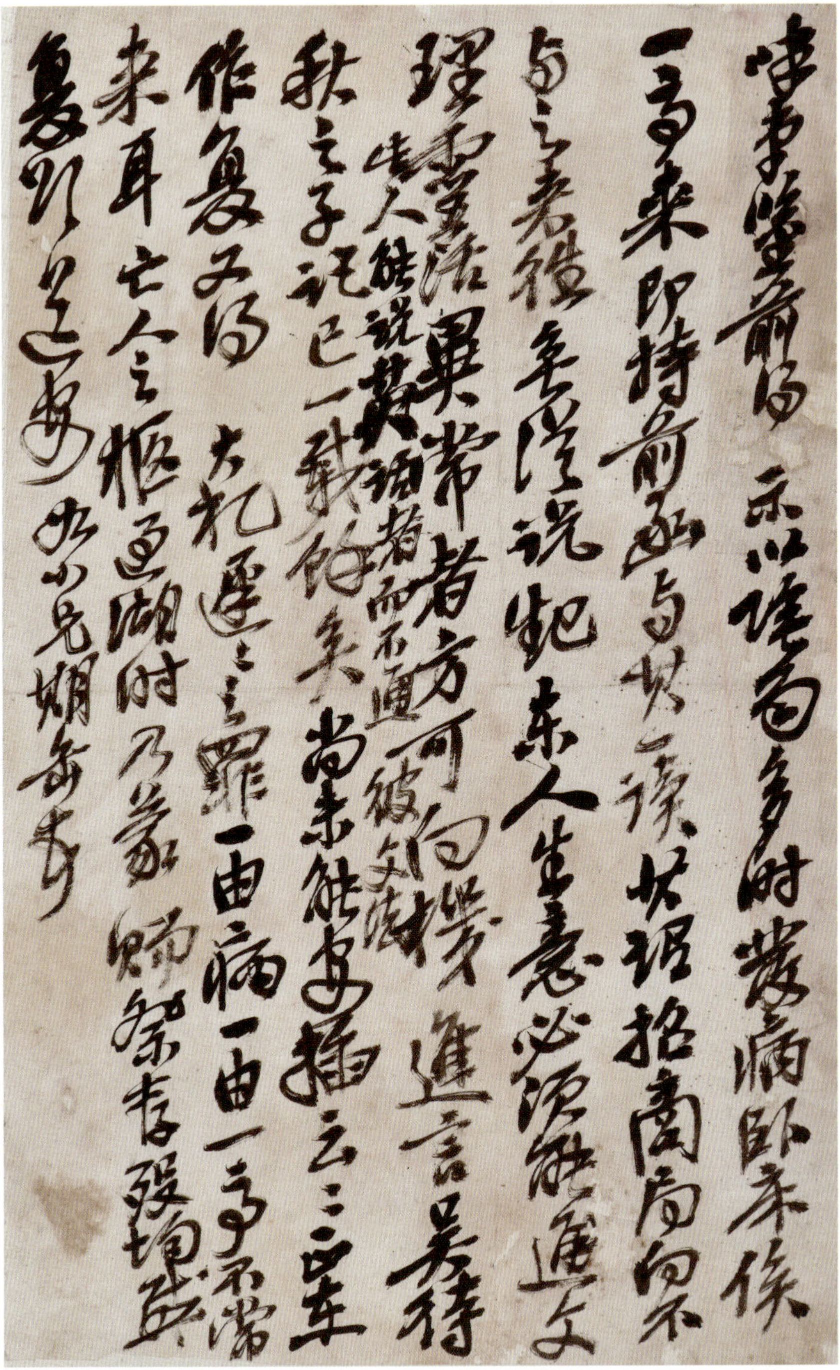

15.3×25.5cm

〔释 文〕

啸弟鉴：

前得示，以阴雨多时，发病卧床，俟一亭来，即持前函与其一读。其谓招商局向不与之来往，无从说起。东人生意必须能通文理，灵活异常者，方可向机进言。吴待秋之子，（此人能说英语者，而不通彼文法。）托已一载馀矣，尚未能安插云云。正在作复，又得大札，迟迟之罪，一由病，一由一亭不常来耳。亡人之柩过湖时，乃蒙赐祭，存殁均感。复颂道安。

如小兄期缶顿首

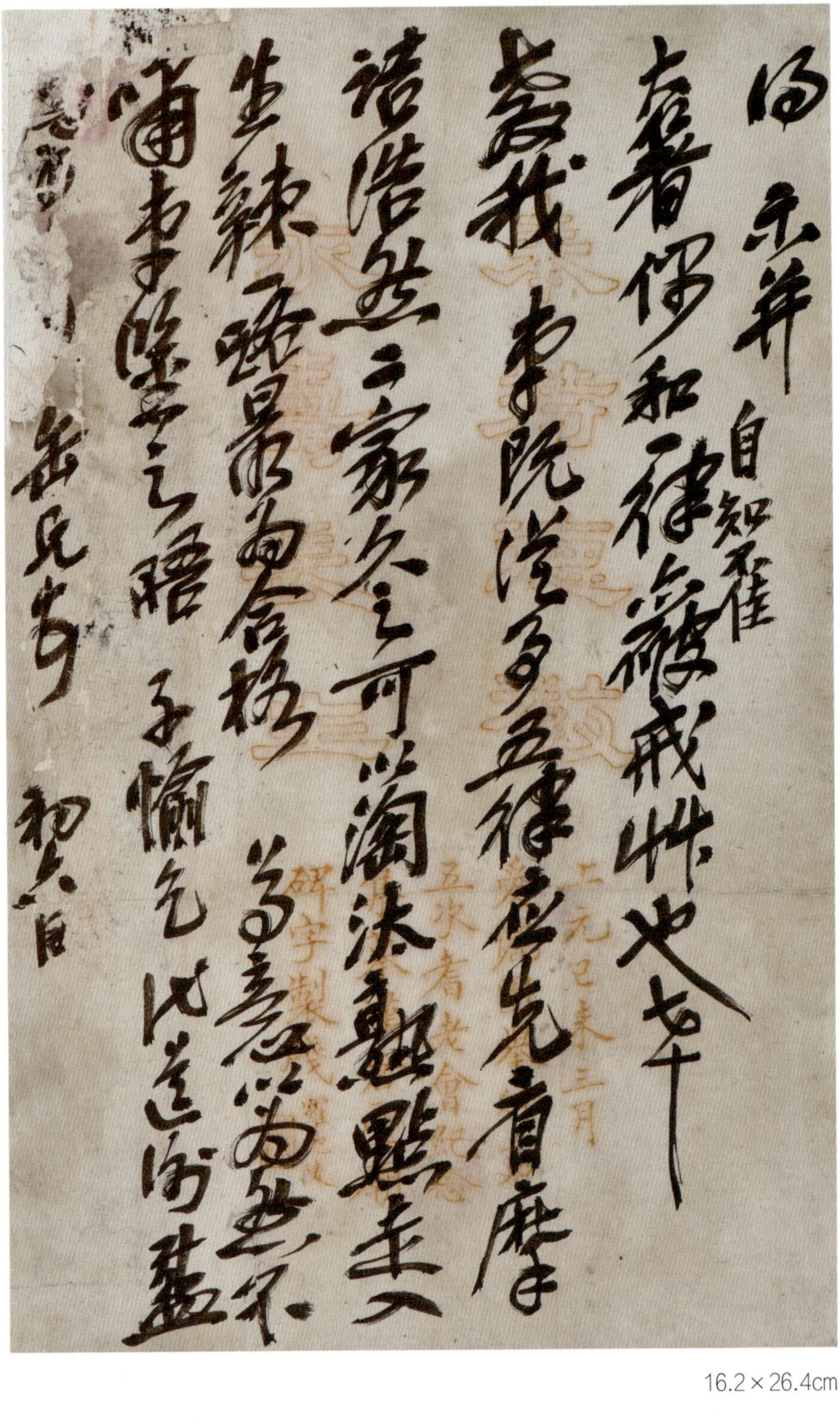

第三十三通

16.2×26.4cm

〔**释 文**〕

得示并大著，偶和一律，自知不佳，亦破戒草也，幸教我。弟既从事五律，应先看摩诘、浩然二家。久之可以淘汰熟点，走入生辣一路，最为合格。尊意以为然不？

啸弟鉴之。晤子愉，乞代道谢。盛□□□。

缶兄顿首

初六日

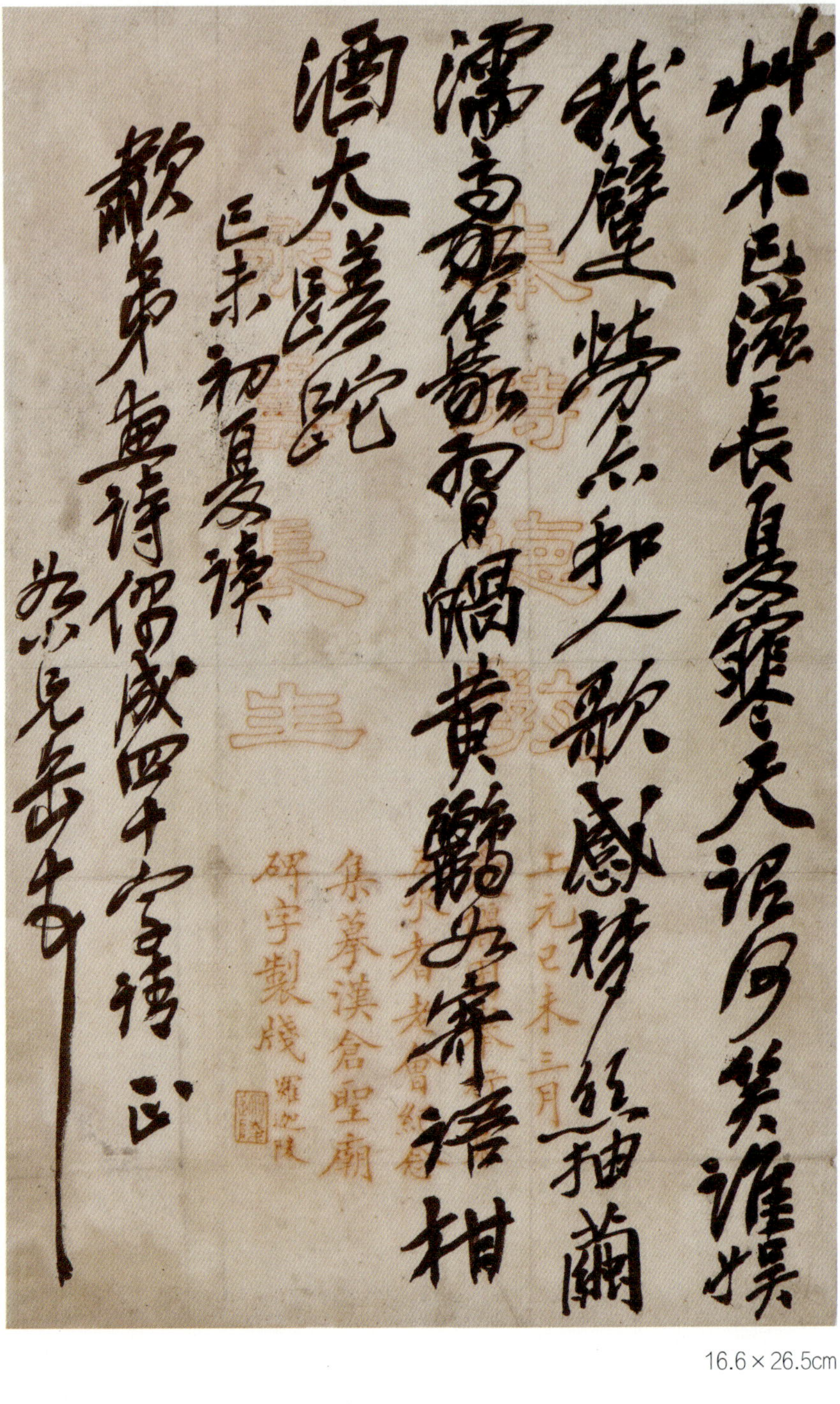

第三十四通

16.6×26.5cm

〔**释　文**〕

草木已滋长，夏寒天谓何。笑谁娱我躄，劳亦和人歌。感梦丝抽茧，濡豪篆习蜗。黄鹂如寄语，柑酒太蹉跎。

己未初夏读啸弟惠诗，偶成四十字，请正。

如小兄缶顿首

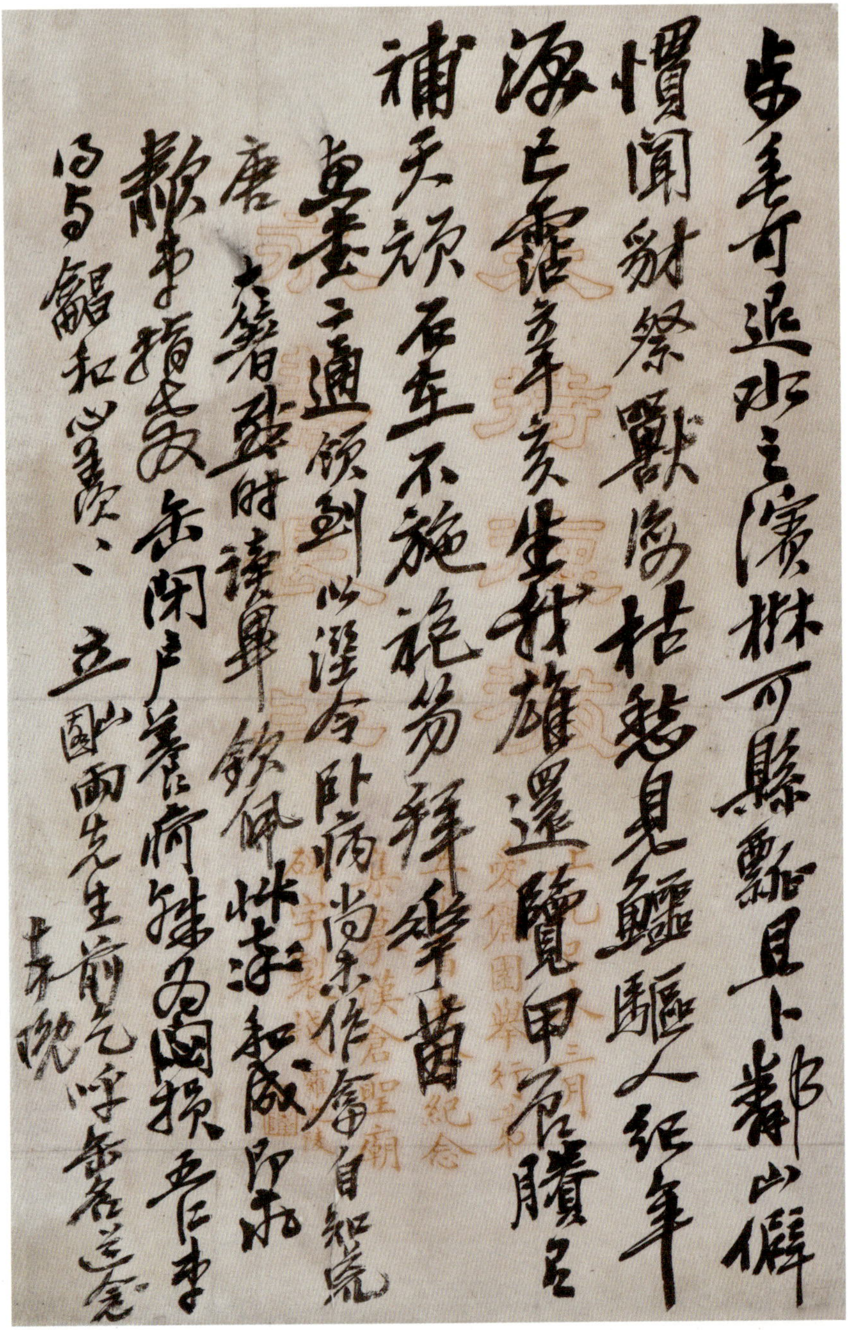

第三十五通

16.5×26.5cm

〔**释　文**〕

步无可退水之滨，树可县瓢且卜邻。山僻惯闻豺祭兽，海枯愁见鳄驱人。
纪年泪已霑辛亥，生我雄还览甲辰。剩有补天顽石在，不施袍笏拜华茵。

惠书二通领到，以湿令卧病，尚未作答，自知荒唐。大著感时，读毕钦佩。草率和成，即求啸弟指教。缶闭户养疴，殊为闷损，吾弟得与唱和，心羡心羡。立山、立园两先生前，乞呼缶名道念。十五晚。

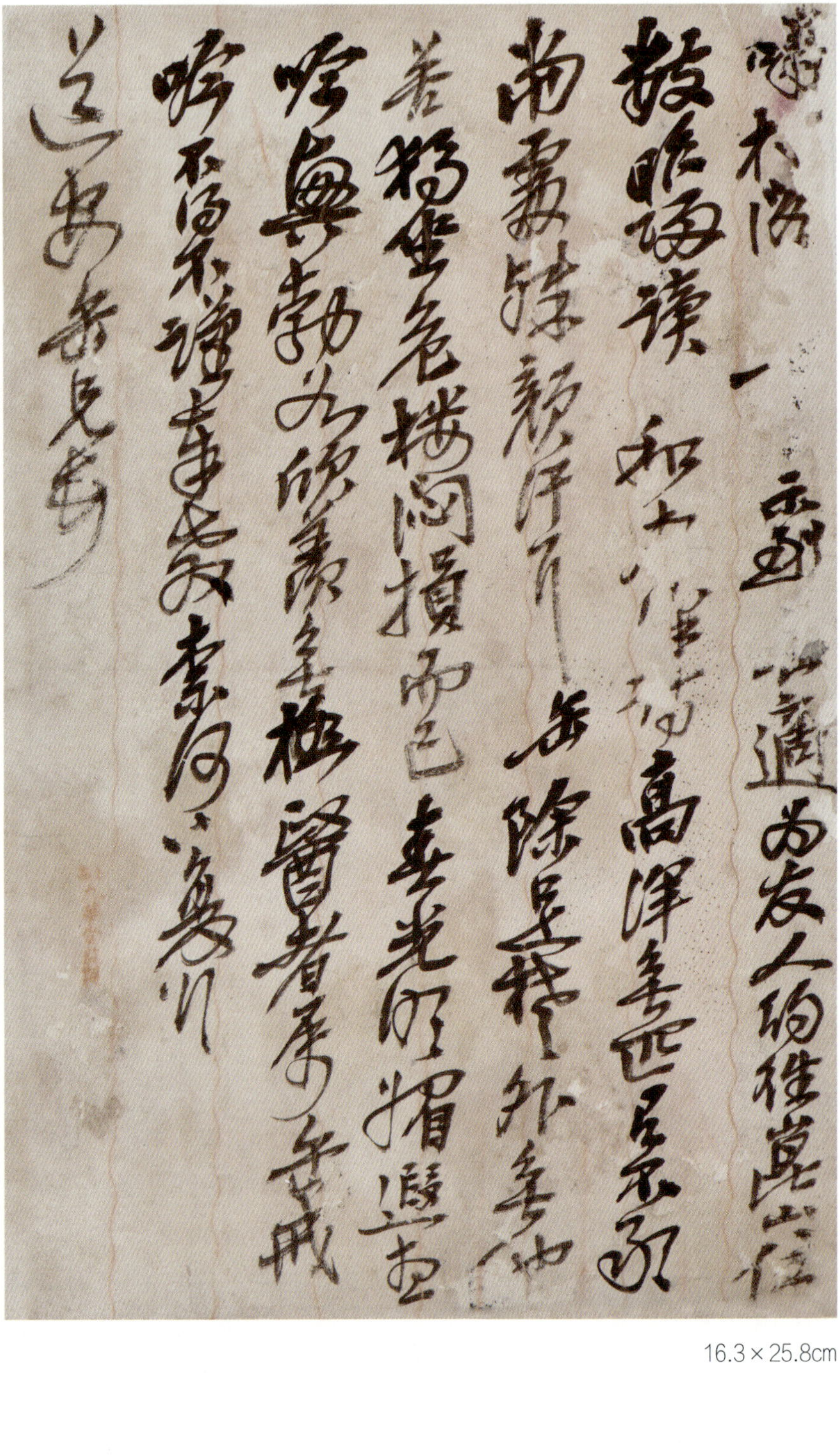

第三十六通

16.3×25.8㎝

〔释 文〕

啸楳阁下：

示到，缶适为友人约，往崑山住数〔日〕，昨归，读和弟律诗，高浑无匹，有不敢当处，殊颜汗耳。缶除足楚外无他苦，独坐危楼，闷损而已。春光明媚，遐想吟兴勃如，欣羡无极。医者属缶戒吟，不得不谨奉教，奈何奈何。复颂

道安。

缶兄顿首

第三十七通

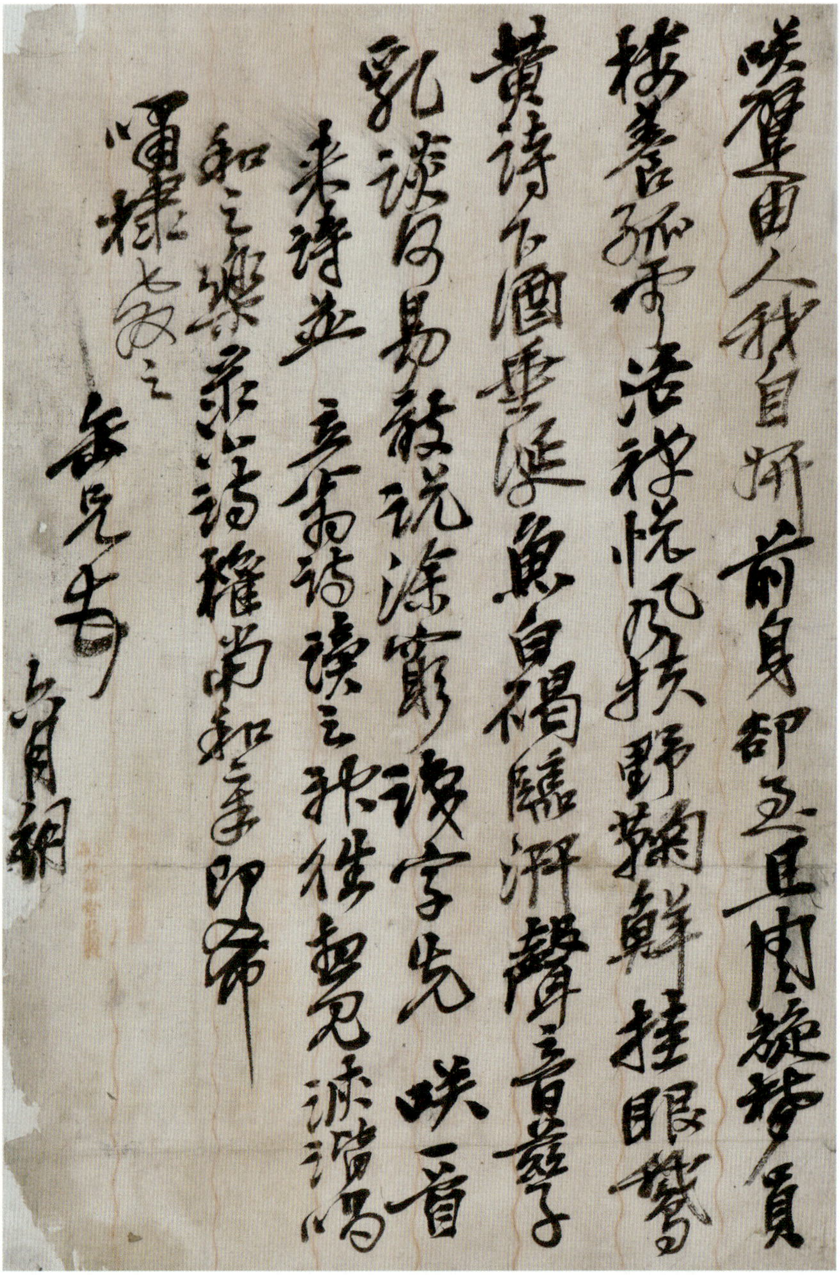

16.8×25.8cm

〔**释 文**〕

笑靨由人我自妍，前身却至且周旋。梦员楼养孤云活，禅悦风扶野鞠鲜。挂眼鹅黄诗下酒，垂涎鱼白碣临汧。声音孳乳谈何易，敢说涂穷识字先。——《笑》一首。

来诗并立翁诗，读之神往，想见诙谐唱和之乐。录小诗，权当和章，即希

啸椽教之。

缶兄顿首

六月朔

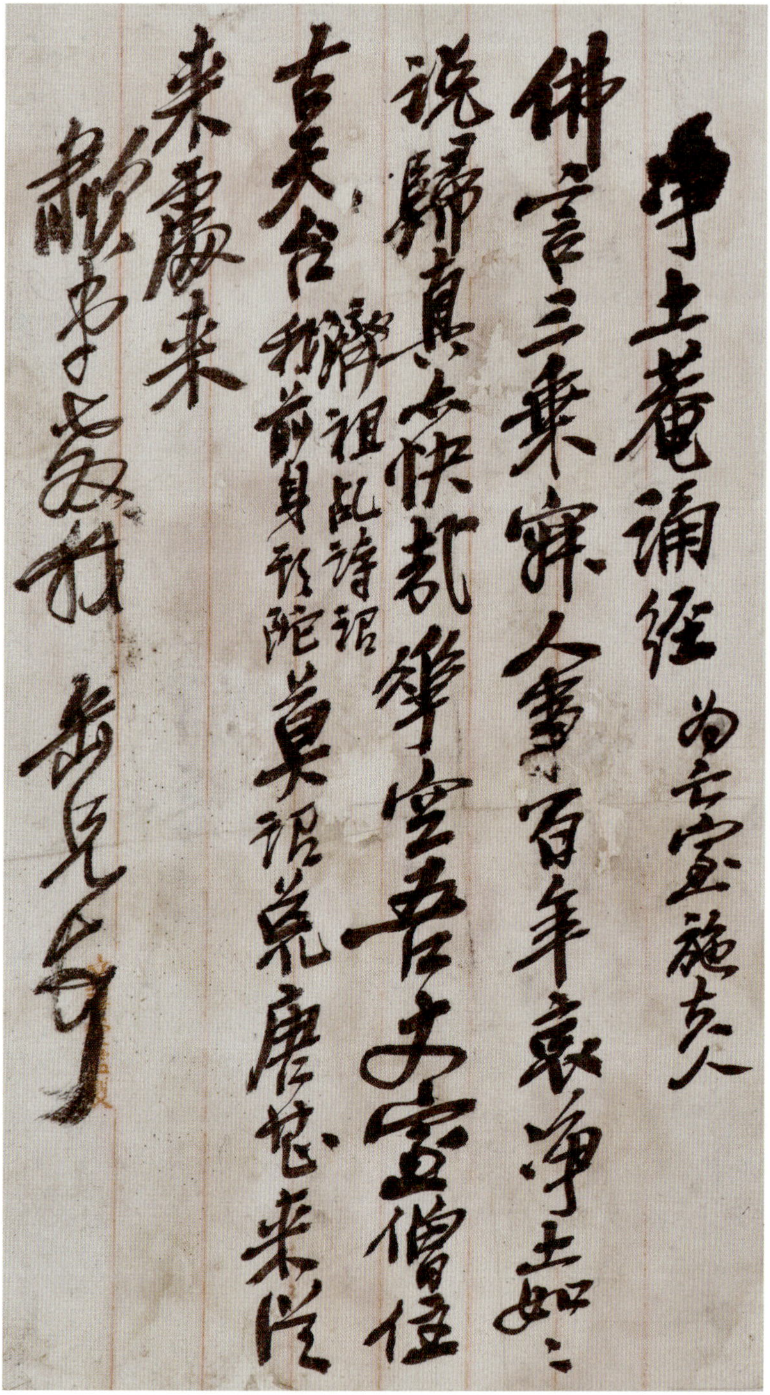

第三十八通

13×23.5cm

〔**释 文**〕

《净土庵诵经》（为亡室施夫人）

佛言三乘寂，人事百年哀。净土如如说，归真亦快哉。华空吾丈室，僧住古天台。（济祖乩诗，谓我前身头陀。）莫谓荒唐甚，来从来处来。

啸弟教我。

缶兄顿首

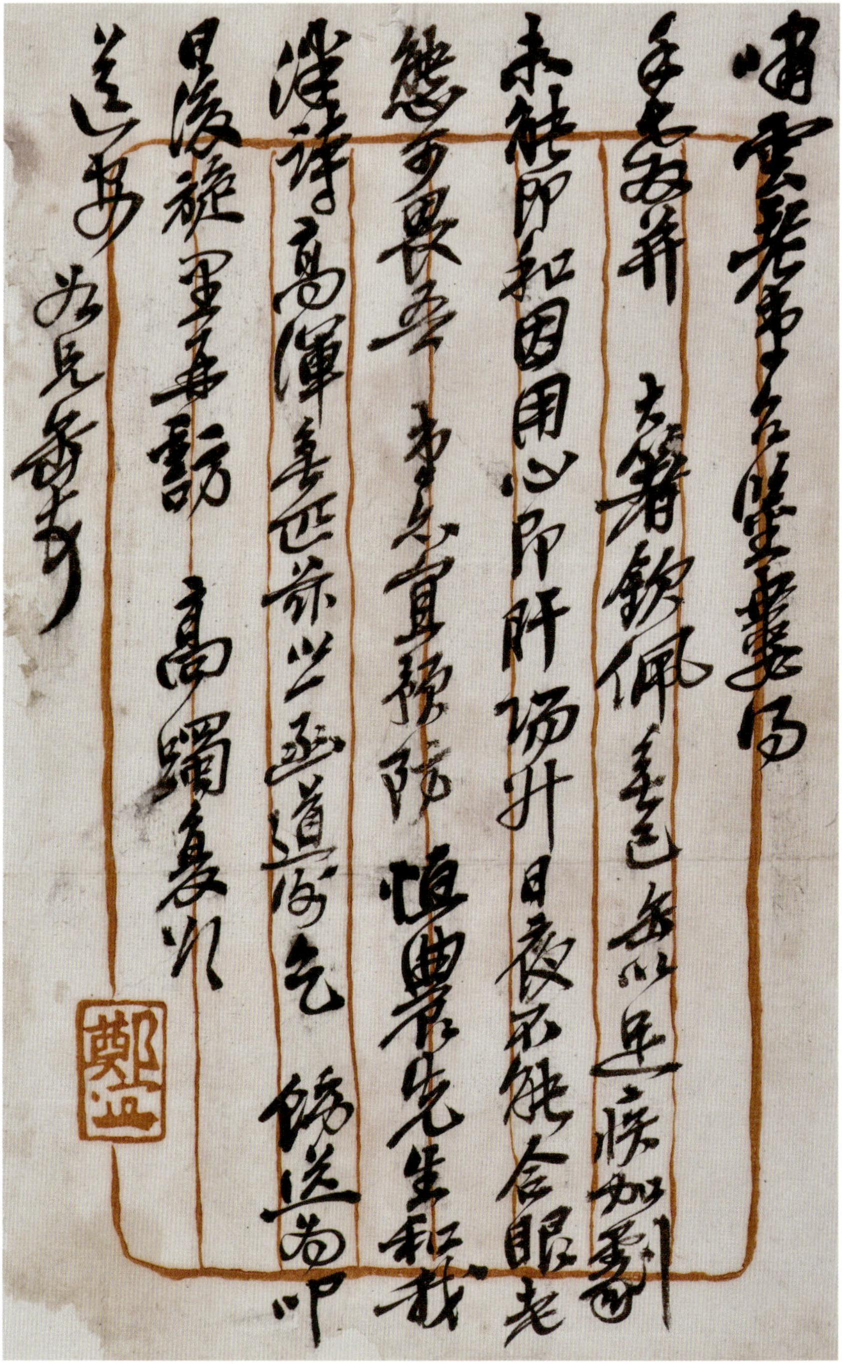

第三十九通

16.4×26.2cm

〔**释 文**〕

啸云老弟台鉴：

娄得手教并大著，钦佩无已。缶以足疾加剧，未能即和。因用心即肝阳升，日夜不能合眼，老态可畏，吾弟亦宜预防。恒农先生和我泮诗，高浑无匹，兹以一函道谢，乞饬送为叩，日后旋里再访高躅。复颂

道安。

如兄缶顿首

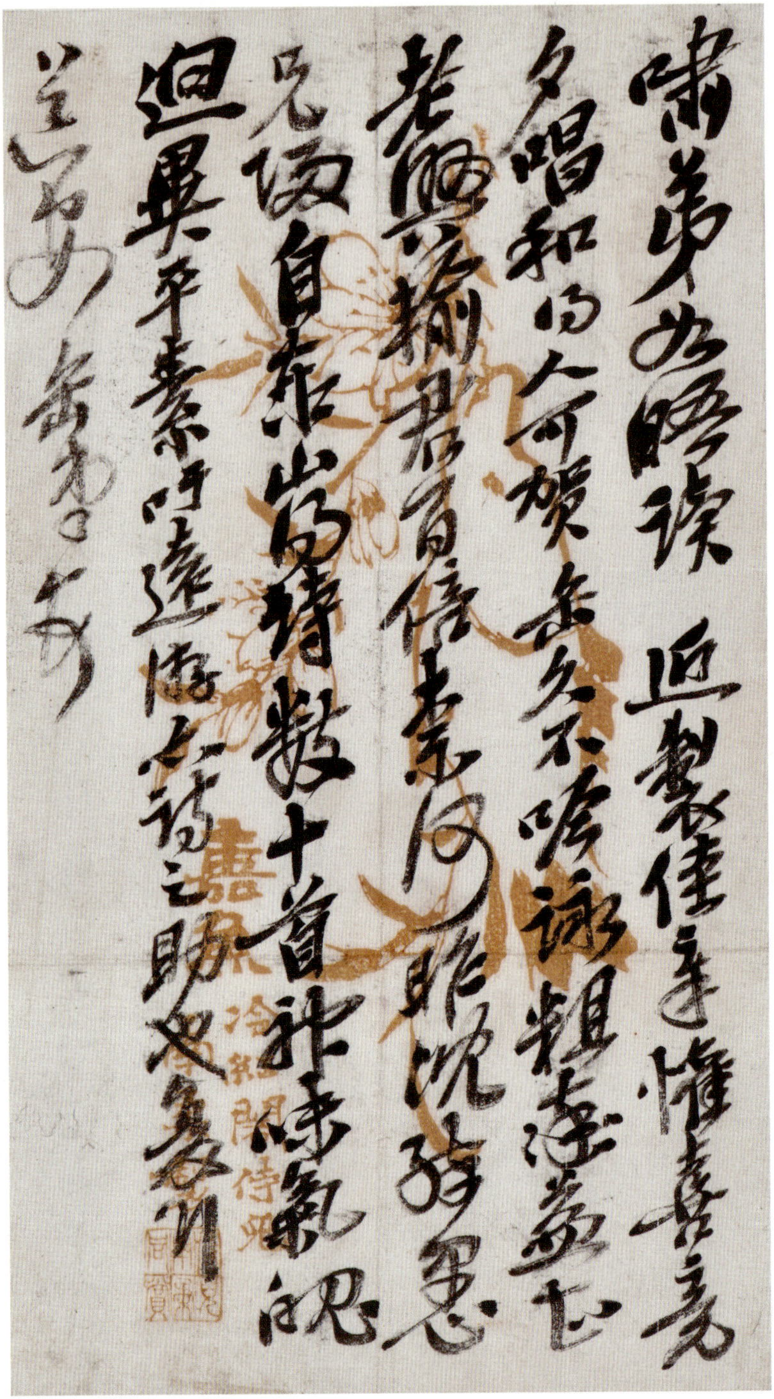

第四十通

13.1×23.7cm

〔**释　文**〕

啸弟如晤：

读近制佳章，欢喜竟夕，唱和得人，可贺。缶久不吟咏，粗率益甚。老兴输君百倍，奈何？昨沈醉愚兄归自泰山，得诗数十首，神味气魄迥异平素。吁！远游亦诗之助也。复颂

道安。

缶弟顿首

第四十一通

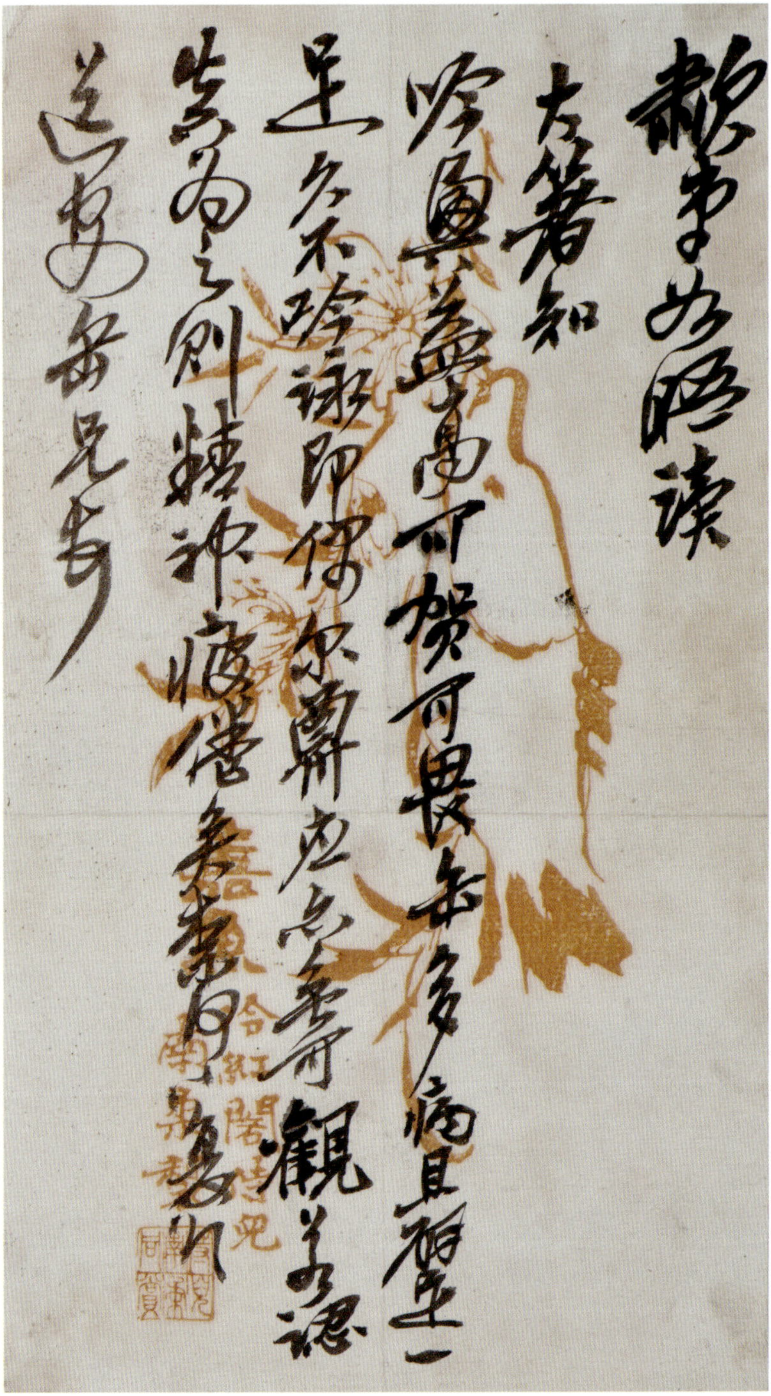

13.1×23.7cm

〔释 文〕

啸弟如晤：

读大著，知吟兴益高，可贺可畏。缶多病，且躄一足，久不吟咏。即偶尔酬应，亦无可观，若认真为之，则精神疲倦矣，奈何奈何。复颂

道安。

缶兄顿首

第四十二通

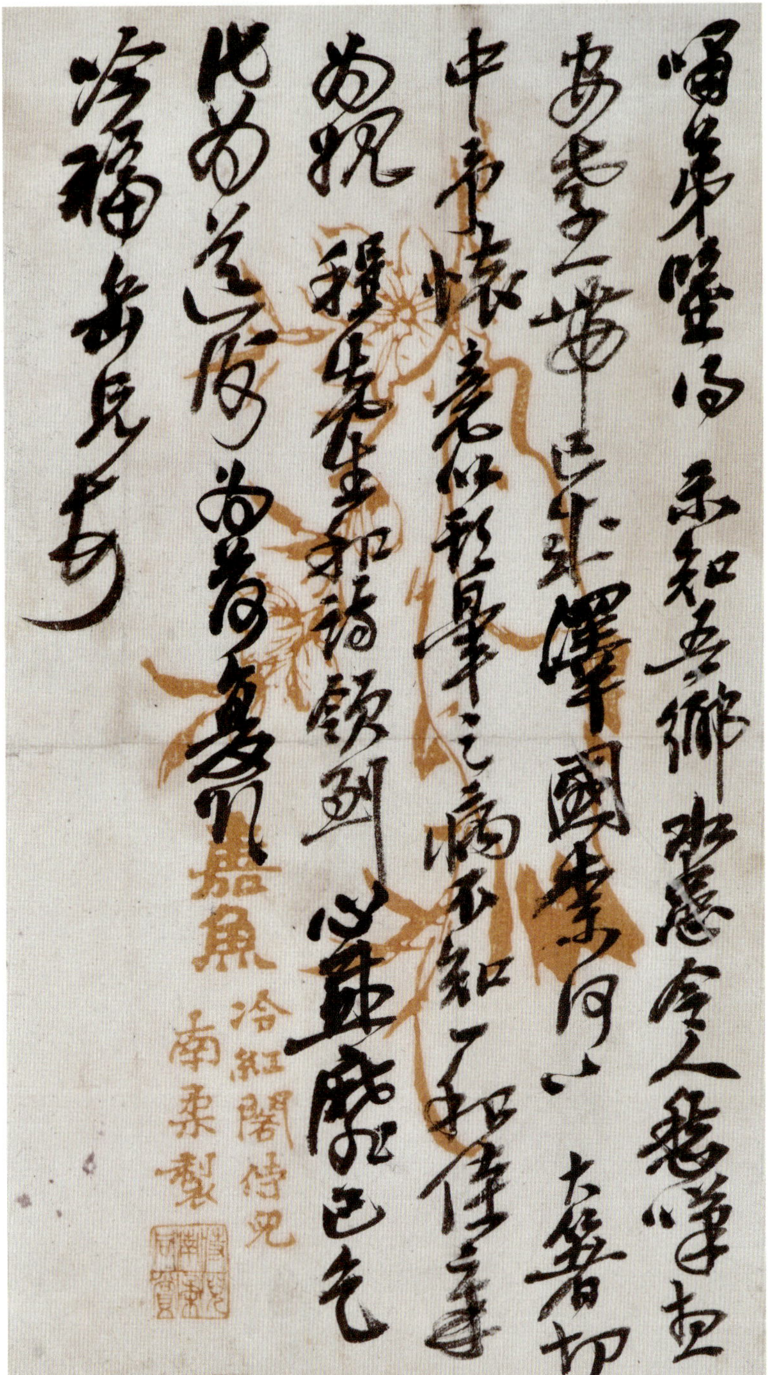

13×23.7cm

〔释 文〕

啸弟鉴：

得示，知吾乡水患，令人愁叹，想安、孝一带已成泽国，奈何奈何。大著切中予怀，竟以头晕之病，不知一和佳章为愧。程先生和诗领到，心感靡已，乞代为道谢为荷。复颂

吟福。

缶兄顿首

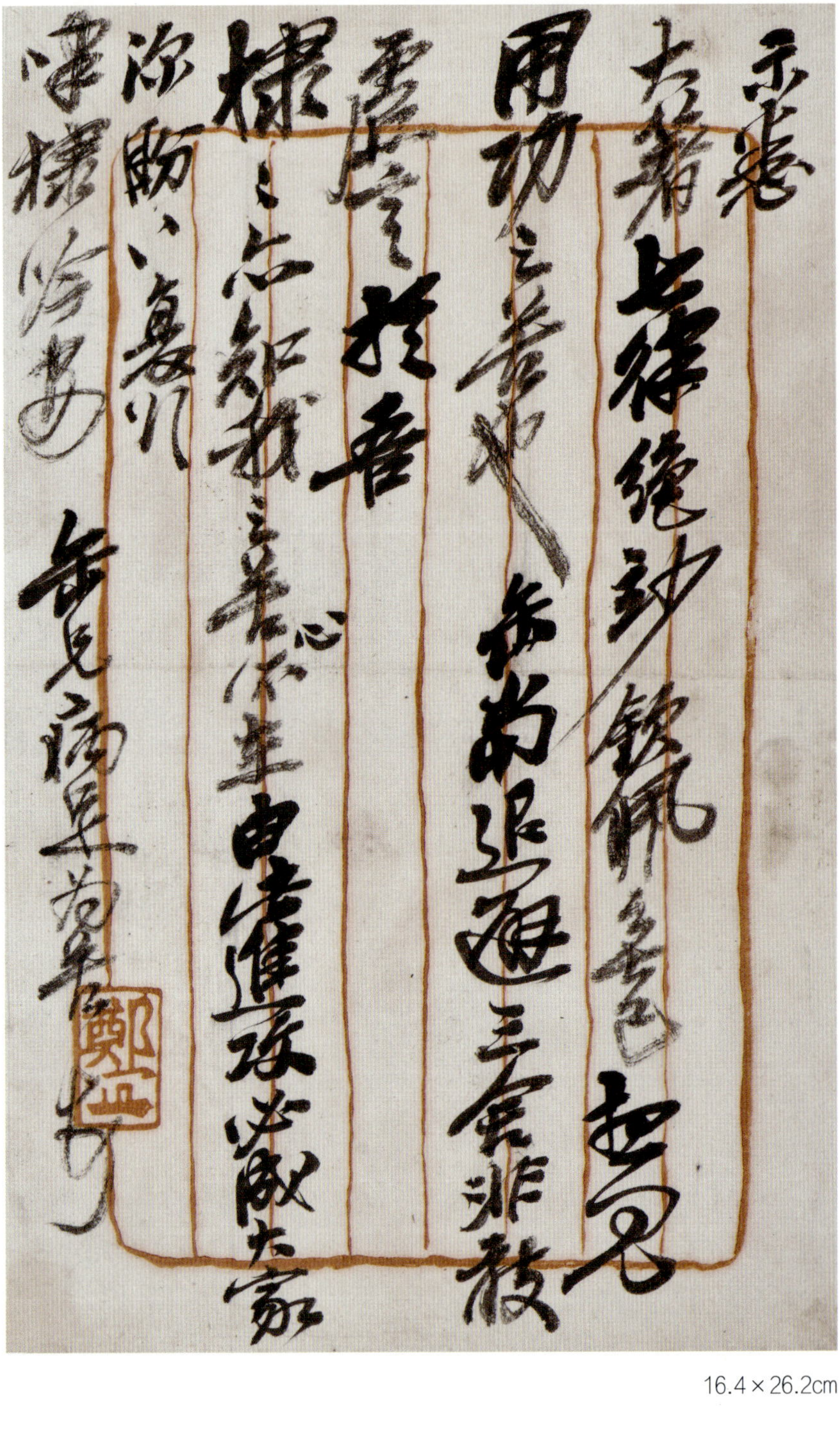

第四十三通

16.4×26.2cm

〔**释 文**〕

示悉大著，七律绝妙，钦佩无已，想见用功之苦也。缶当退避三舍，非敢虚言于吾棣，棣亦知我之苦心所在。由此进攻，必成大家，深盼深盼。复颂

啸棣吟安。

缶兄病足为苦，顿首

第四十四通

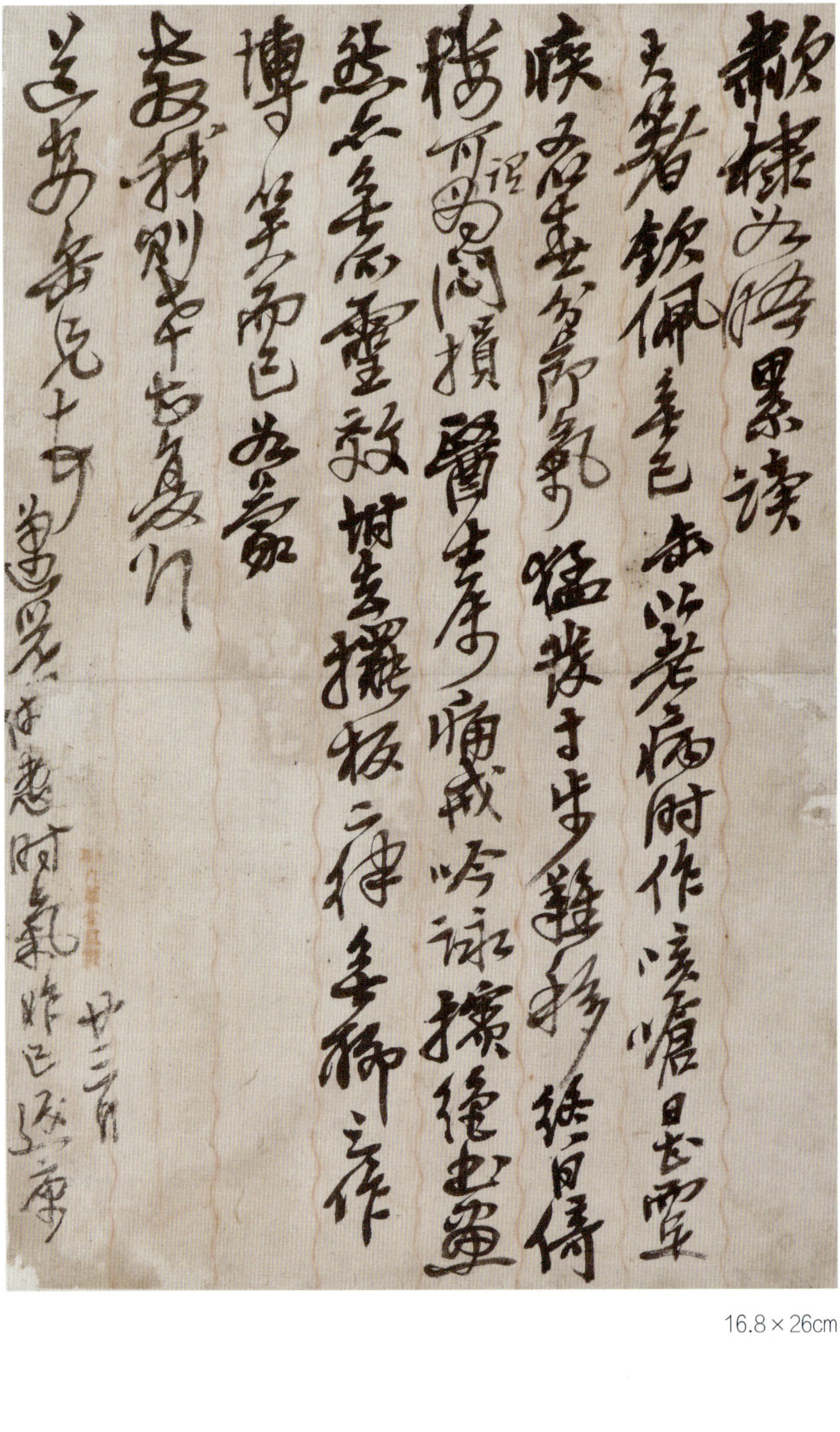

16.8×26cm

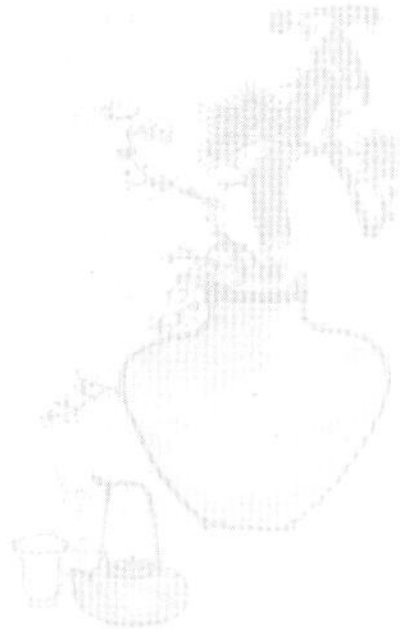

〔释 文〕

啸棣如晤：

累读大著，钦佩无已。缶以老病时作，咳呛日甚，而足疾又以春分节气猛发，寸步难移，终日倚楼，可谓闷损。医士属痛戒吟咏，摈绝书画，然亦无所灵效。附去摆板二律，无聊之作，博笑而已，如蒙教我，则幸甚。复颂

道安。

缶兄顿首

廿三日

迈儿□患时气，昨已返寓。

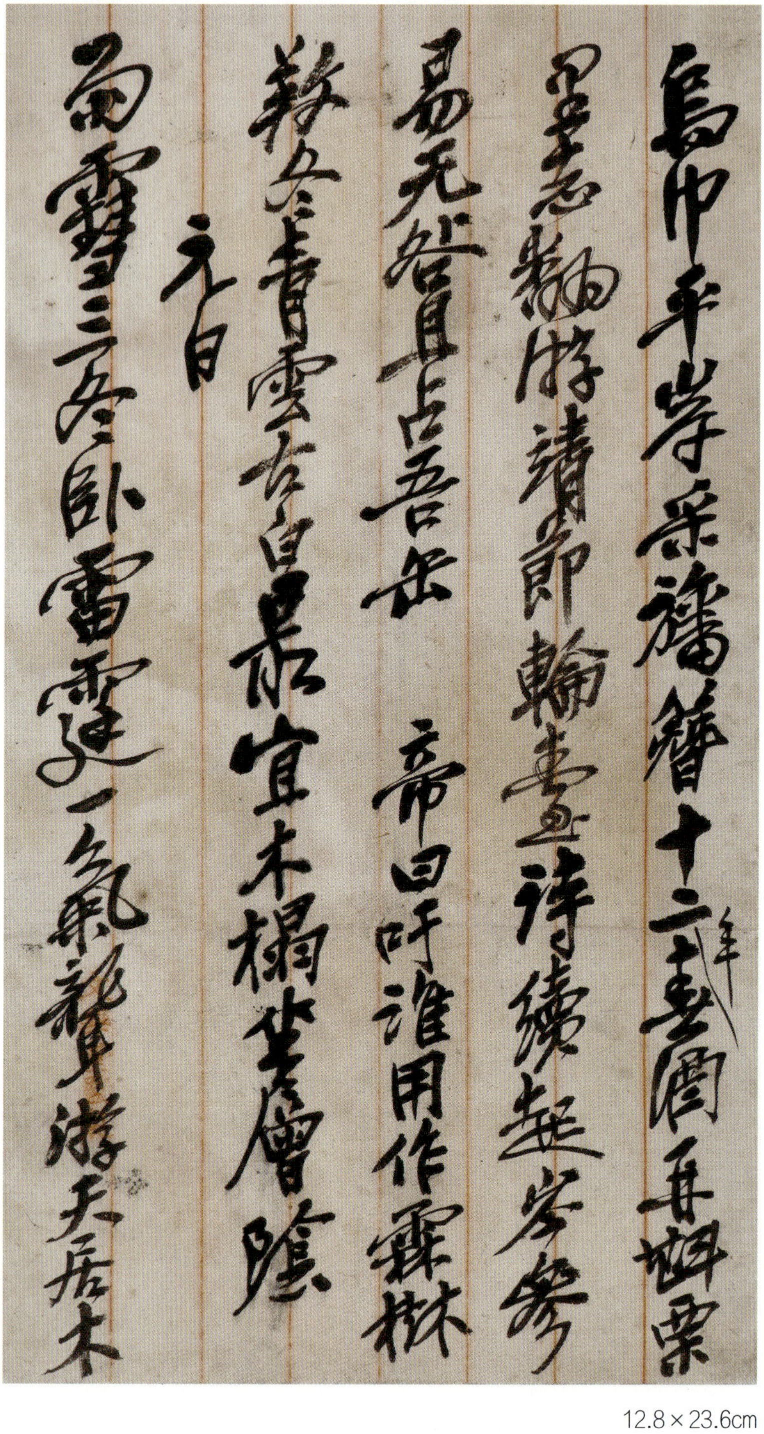

第四十五通①

12.8×23.6cm

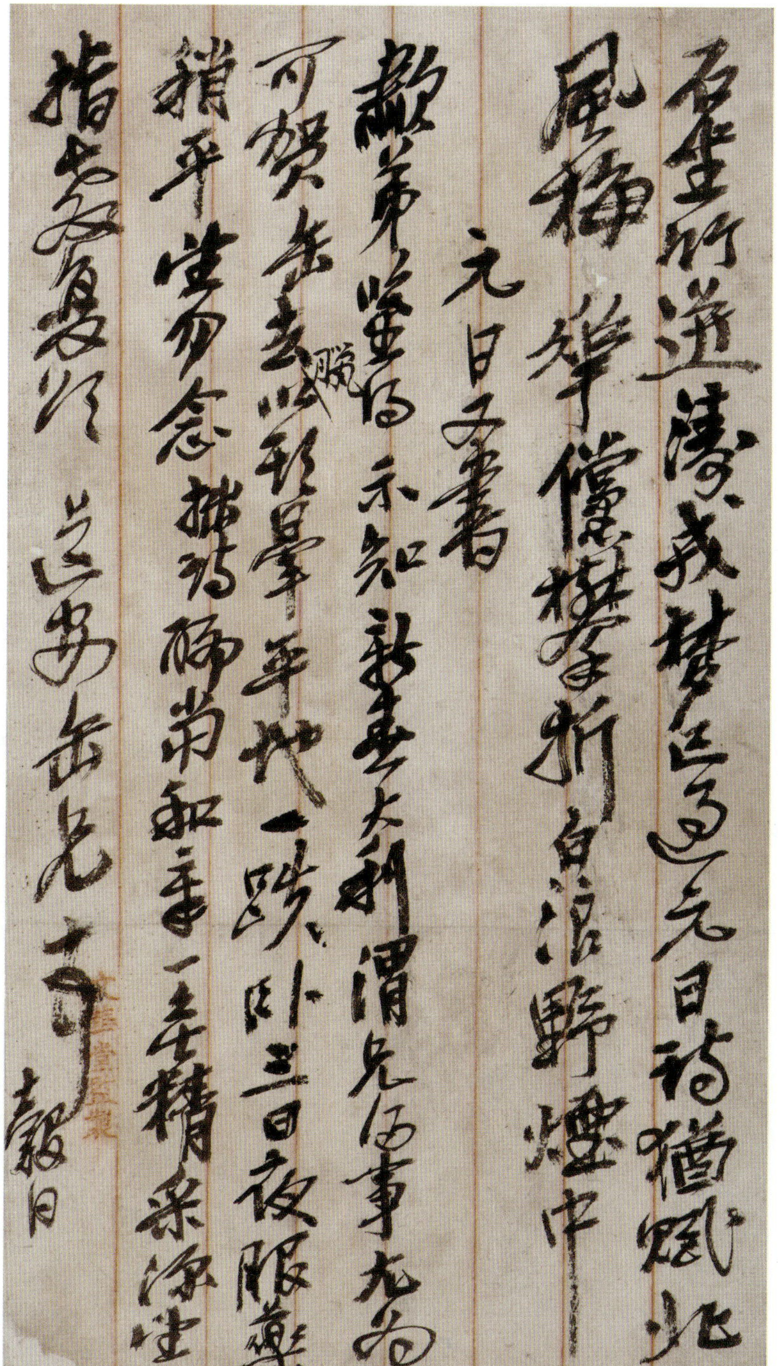

第四十五通②

〔**释 文**〕

乌巾平岸采旛簪，十二年春酒再斟。栗里志翻游靖节，轮台诗续起岑参。易无咎且占吾缶，帝曰吁谁用作霖。树养冬青云古白，最宜木榻坐层阴。——《元日》

雨雪三冬卧，雷霆一气聋。游天居木石，坐竹迸涛戎。梦已过元日，诗犹赋北风。梅花傥攀折，白浪野烟中。——《元日又书》

啸弟鉴：

得示，知新春大利。渭兄得事，尤为可贺。缶去腊以头晕，平地一跌，卧三日夜，服药稍平，望勿念。拙诗聊当和章，一无精彩，深望指教。复颂

道安。

缶兄顿首

縠日

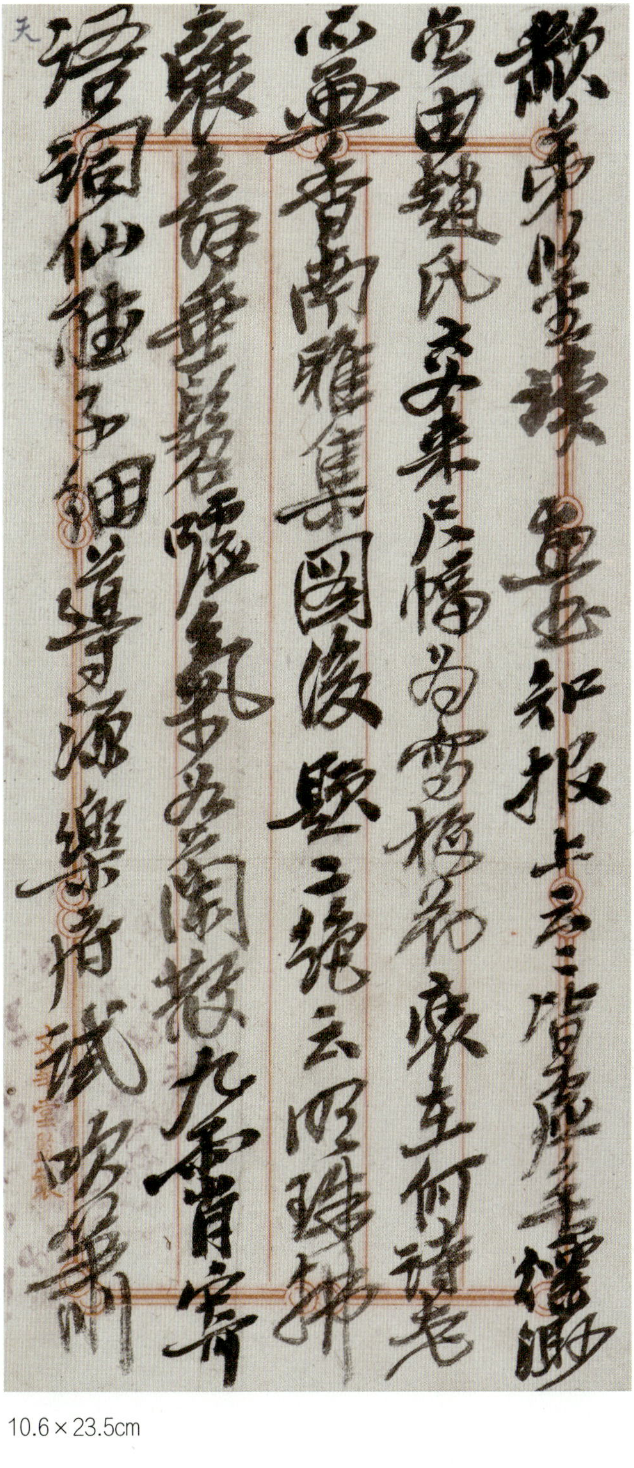

第四十六通①

10.6×23.5cm

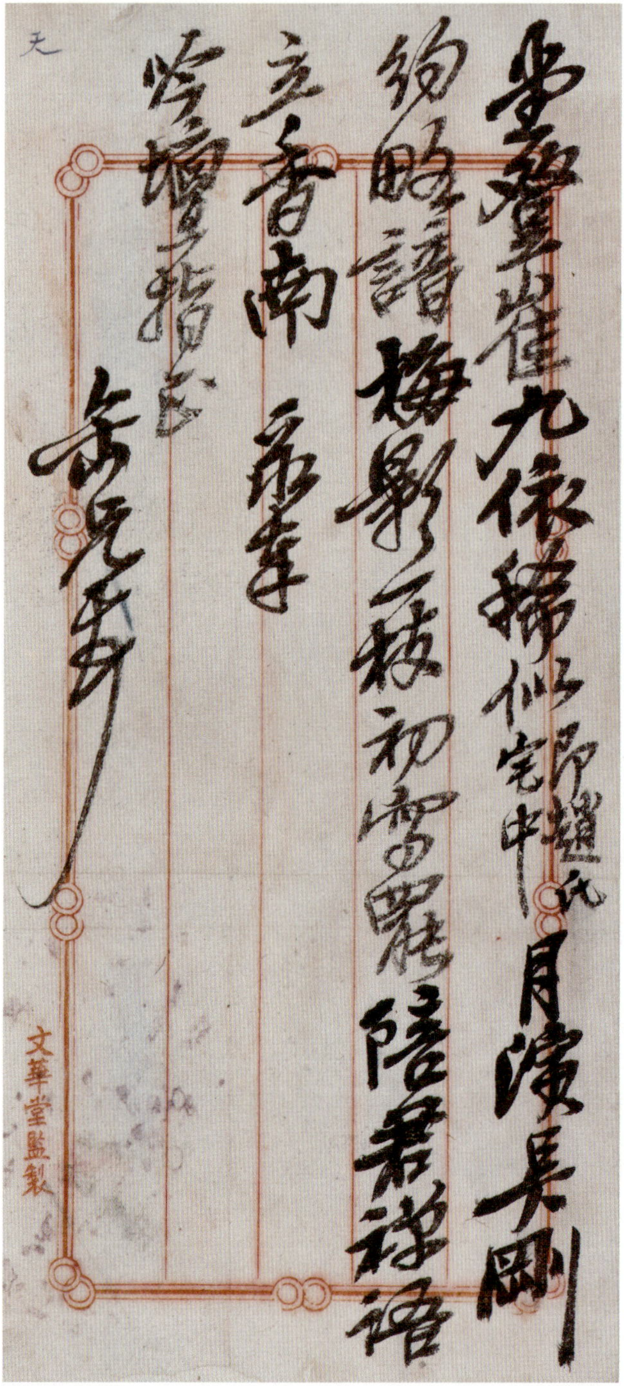

第四十六通②

〔**释　文**〕

啸弟鉴：

读惠书，知报上云云，皆虚无缥渺。曾由赵氏交来尺幅，为写梅花，装在何诗老所画《香南雅集图》后。题二绝，云："明珠拂袖舞垂髫，嘘气如兰散九霄。寄语词仙听子细，导源乐府试吹箫"；"堂登崔九依稀似，（即赵氏宅中。）月演吴刚约略谙。梅影一枝初写罢，陪君禅语立香南。"录奉吟坛指正。

缶兄顿首

第四十七通①

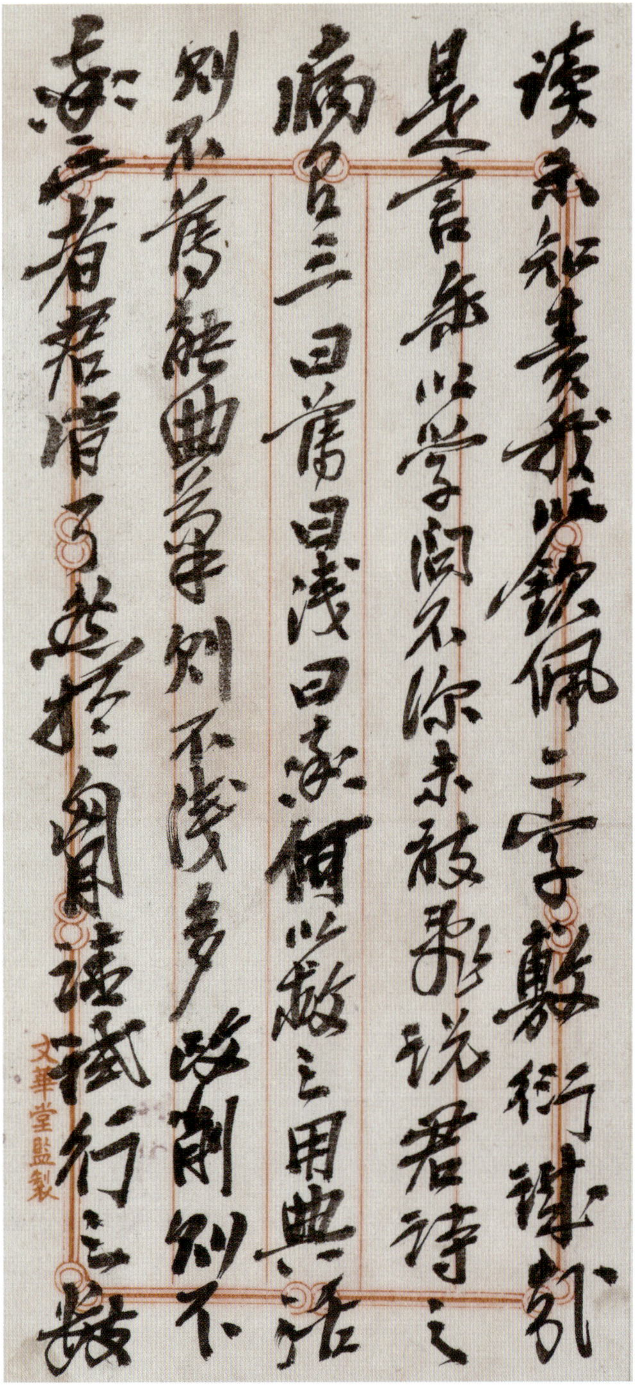

10.6×23.5cm

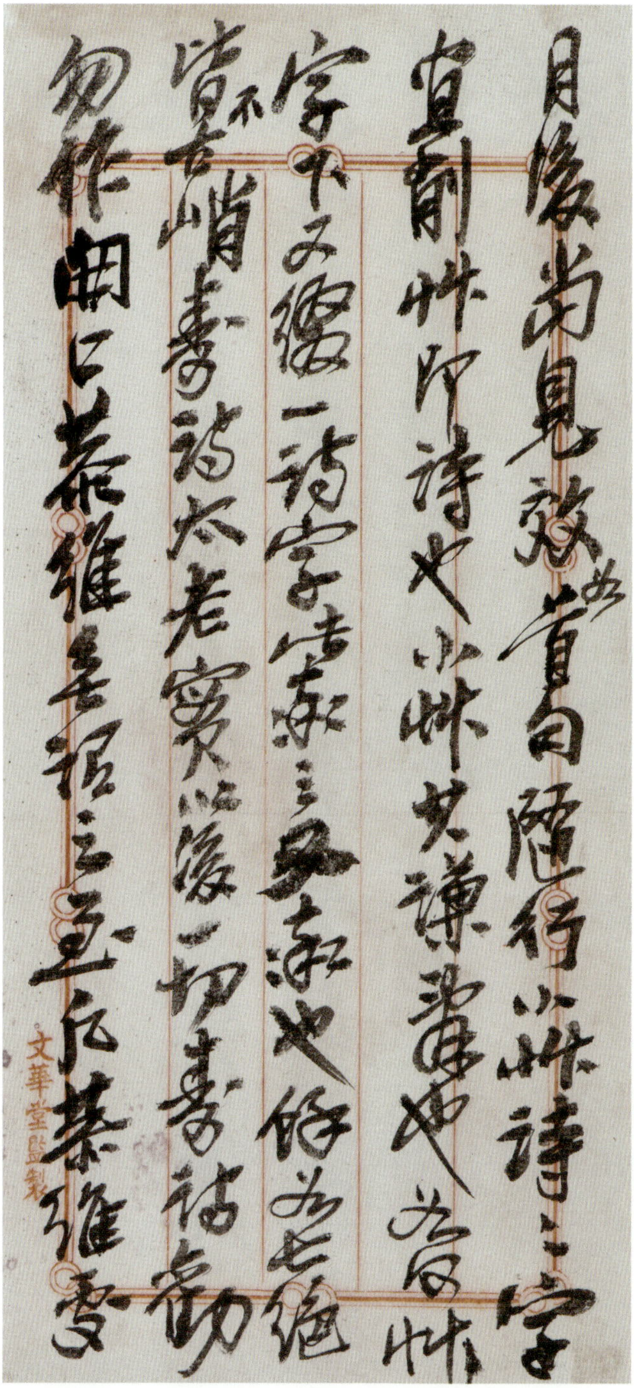
月後尚見致，如肯自隨行小帖詩詩字
宜削，帖即詩也。小帖其譚粵也，如寄帖
字下又須一鈎，字法家家多家也，餘為絕
資古峭，不書譜太老實，此後一切書譜鈎
勿作。用仁 恭維 香祖兄 恭維 吾
文華堂監製

第四十七通②

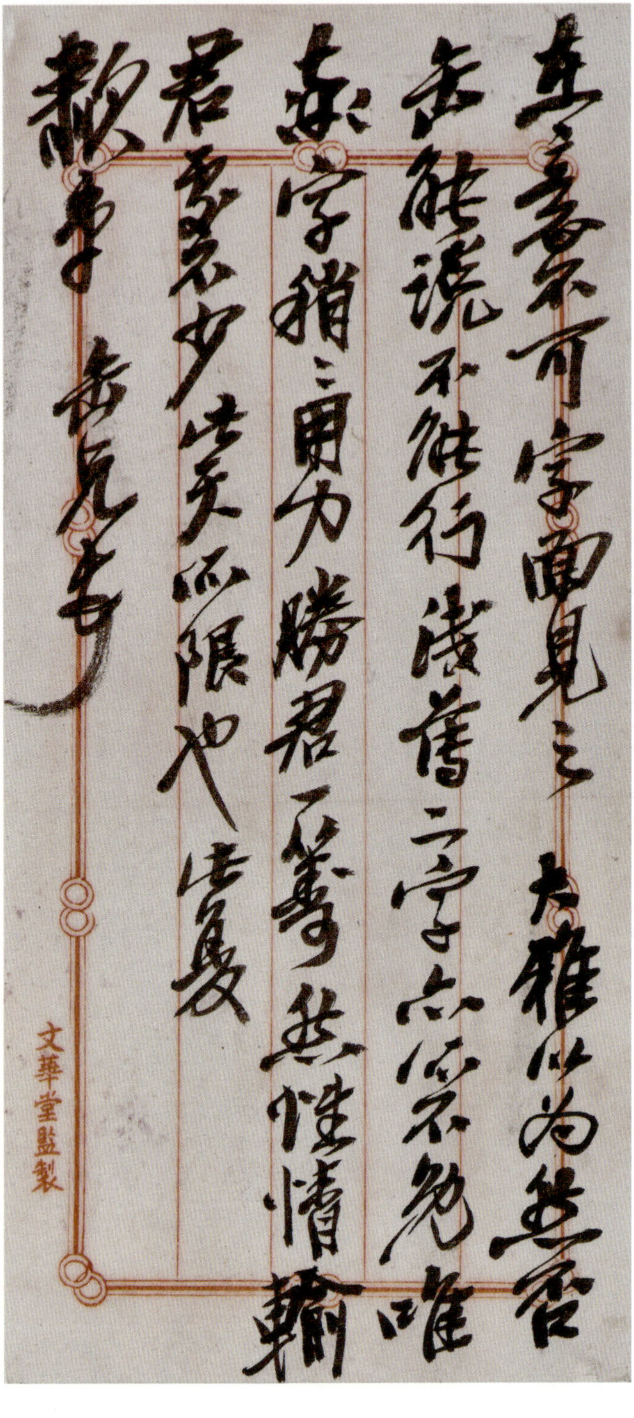

第四十七通③

〔释 文〕

读示，知责我以“钦佩”二字敷衍，诚哉是言。缶以学问不深，未敢乱说。君诗之病有三：曰薄，曰浅，曰率。何以救之？用典活则不薄，能曲笔则不浅，多改削则不率。三者君皆了然于胸，请试行之，数月后当见效。如首句“随行小草诗”，“诗”字宜削，“草”即诗也。小草其谦辞也，如何“草”字下又缀一“诗”字，此率之又率也。馀如七绝皆不古峭。寿诗太老实，以后一切寿诗劝勿作，开口恭维，无谓之至。凡恭维处在意，不可字面见之，大雅以为然否？缶能说不能行，“浅薄”二字亦所不免，唯“率”字稍稍用力，胜君一筹。然性情输君处不少，此天所限也。此复

啸弟

缶兄顿首

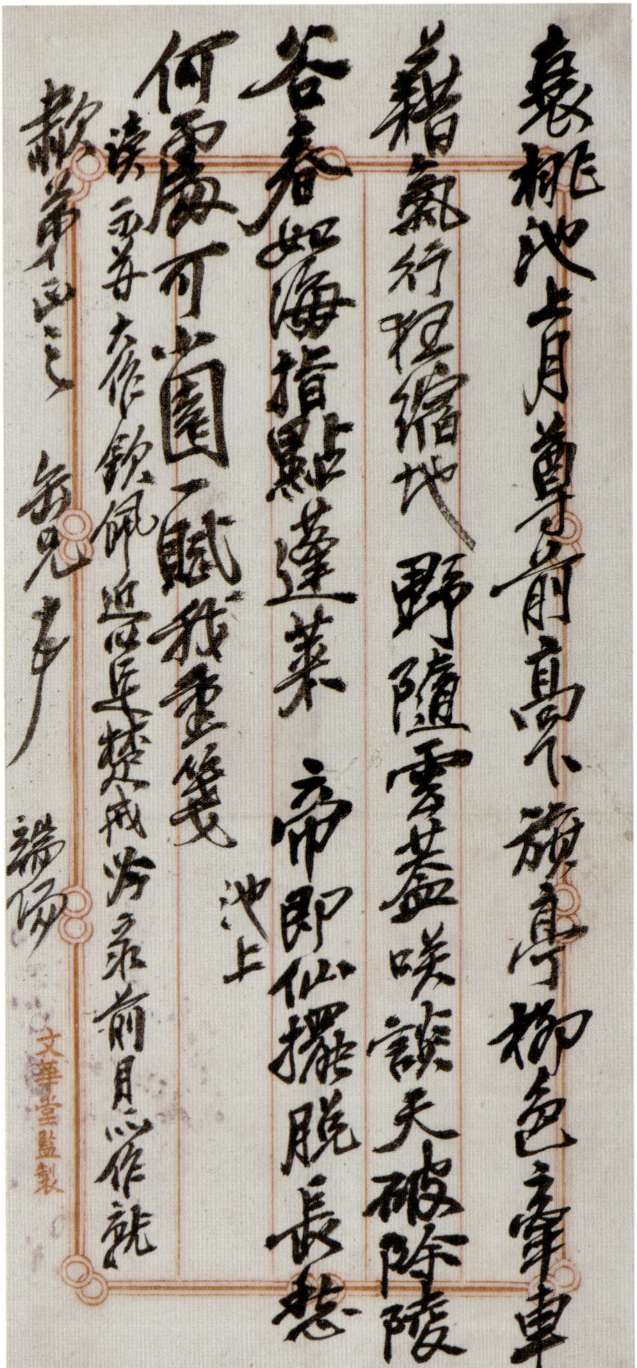

憶桃池上月尊前高亮 旗亭柳色章臯
藉氣行程縮地 野隨雲蓋嘆談天破除陵
谷春如海指點蓬萊 帝即仙擺脫長愁
何處可尋圓賦我重箋
池上
讀示寄大作欽佩[illegible]長樊戒[illegible]前月心作就
敬[illegible] [illegible]兄[illegible] 瑞[illegible]
文華堂監製

10.6×23.5cm

第四十八通

〔**释 文**〕

衰桃池上月尊前，高下旗亭柳色牵。车藉气行狂缩地，野随云盖笑谈天。破除陵谷春如海，指点蓬莱帝即仙。摆脱长愁何处可？小园一赋我重笺。——《池上》

读示并大作，钦佩。近以足楚戒吟，录前月所作，就啸弟正之。

缶兄顿首，端阳

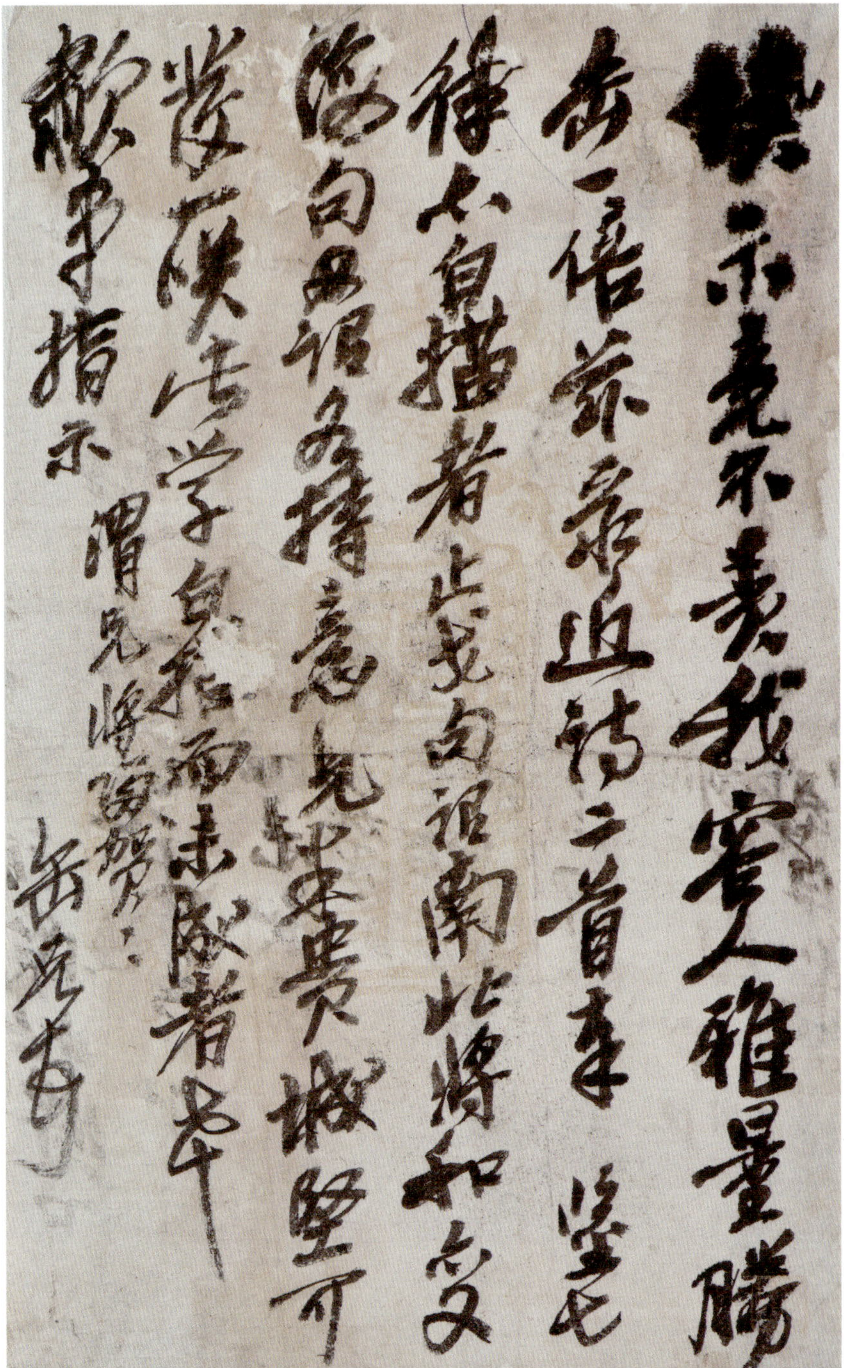

第四十九通①

15.1 × 25cm

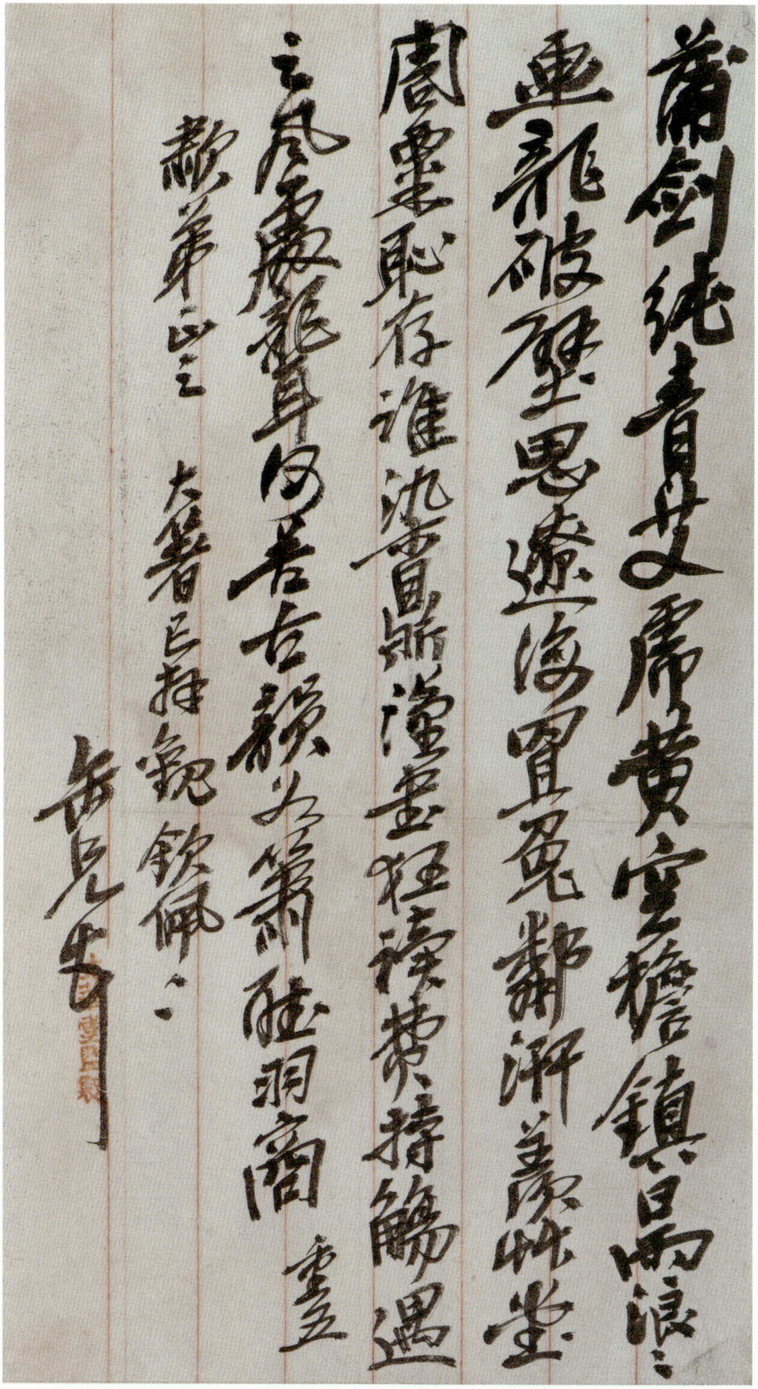

13×23.7cm

第四十九通②

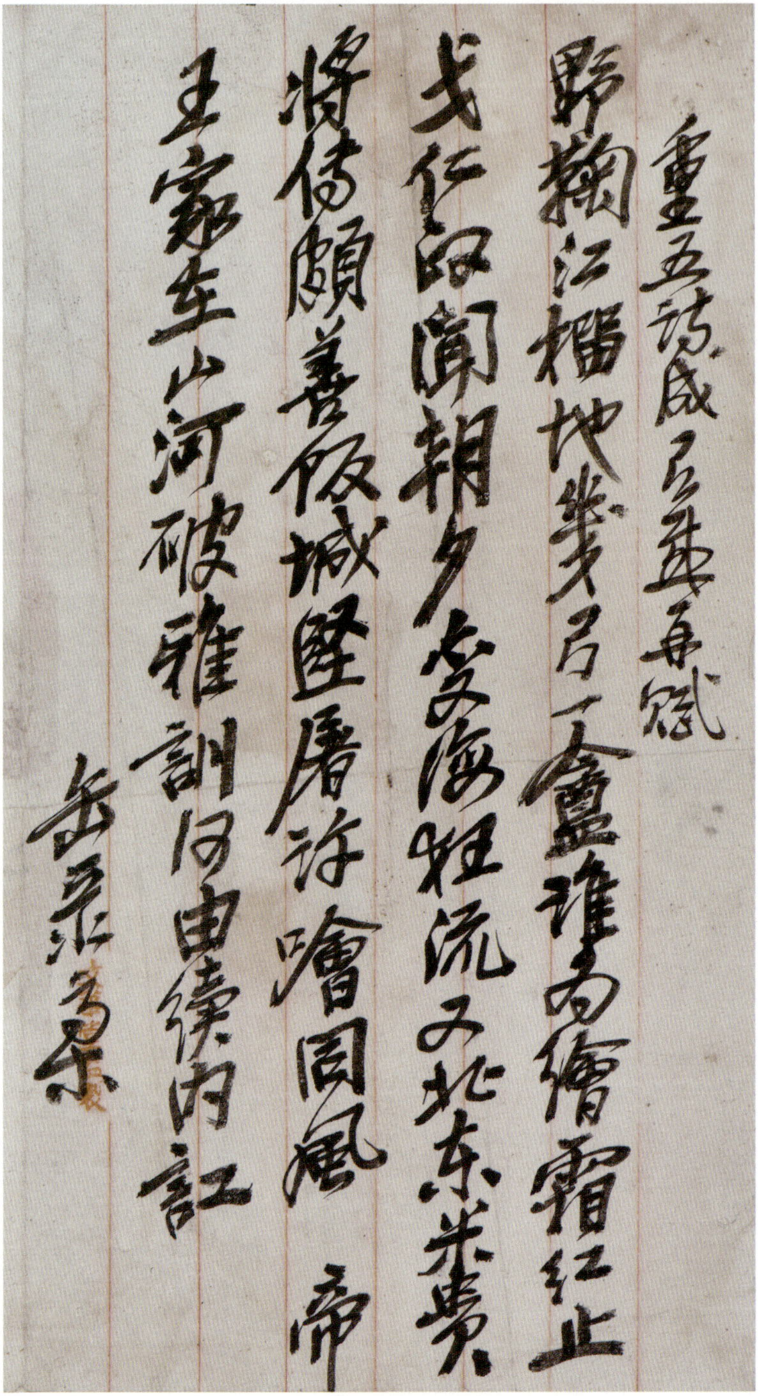

第四十九通③

13×23.7cm

〔释 文〕

读示，竟不责我，容人雅量胜缶一倍。兹录近诗二首奉鉴。七律亦白描者，“止戈”句谓南北将和；“变海”句谓各持意见；“米贵”、“城坚”可发一笑。此学白描而未成者，幸

啸弟指示。（渭兄将归，贺贺。）

缶兄顿首

蒲剑纯青艾虎黄，空檐镇日雨浪浪。画龙破壁思辽海，罝兔邻汧羡草堂。周粟耻存谁染鼎，汉书狂读费持觞。遇之风处聋何苦，古韵如箫听羽商。——《重五》

啸弟正之。大著已拜观，钦佩钦佩。

缶兄顿首

《重五诗成有感再赋》

野鞠江榴地几弓，一奁谁为绘霜红。止戈仁政闻朝夕，变海狂流又北东。米贵将传颇善饭，城坚屠许哙同风。帝王家在山河破，雅训何由续内讧。

缶录稿。

第五十通

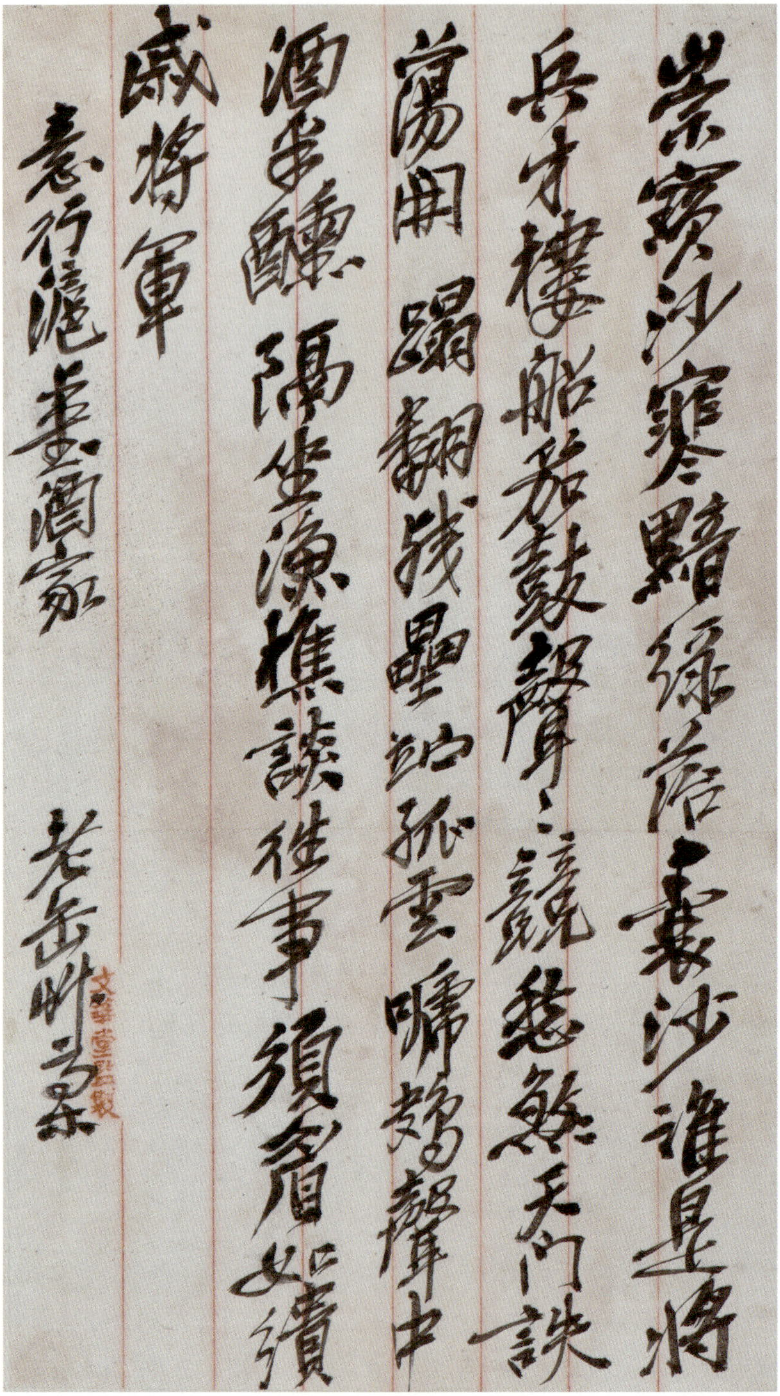

13×23.7cm

〔**释　文**〕

崇宝沙寒黯绿落，囊沙谁是将兵才。楼船笳鼓声声竞，愁煞天门跌荡开。蹋翻残垒伫孤云，啼鴂声中酒半醺。隔坐渔樵谈往事，须眉如缋戚将军。

——《意行沪书酒家》

老缶草稿。

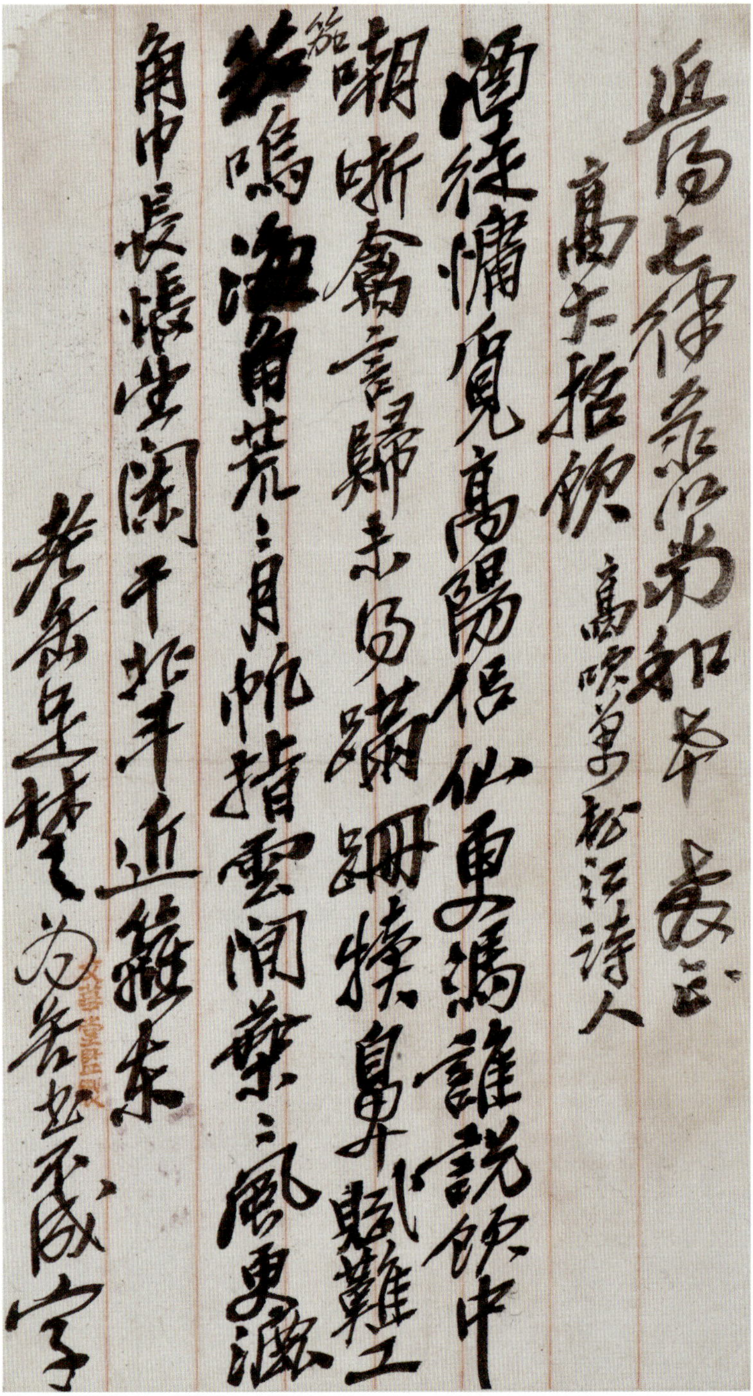

近得七律數首如 奉 長正
高大招飲 高峽萬松江詩人
酒徒潇覓高陽侶仙吏攜誰說飲中
嘲哳翁言歸未得[illegible]自鼻難工
然鳴海角荒荒月帆指雲間葉葉風更藏
角中長帳坐闌干北斗近籬來
老缶呈稿
為吾[illegible]字

第五十一通

13×23.7cm

〔**释 文**〕

近得七律，录以当和，幸教正。

《高大招饮》（高吹万，松江诗人）

酒徒慵觅高阳侣，仙吏冯谁说饮中。嘲晰禽言归未得，蹒跚犊鼻赋难工。

笳鸣海角荒荒月，帆指云间叶叶风。更漉角巾长怅望，阑干北斗近篱东。

老缶足楚为苦，书不成字。

第五十二通

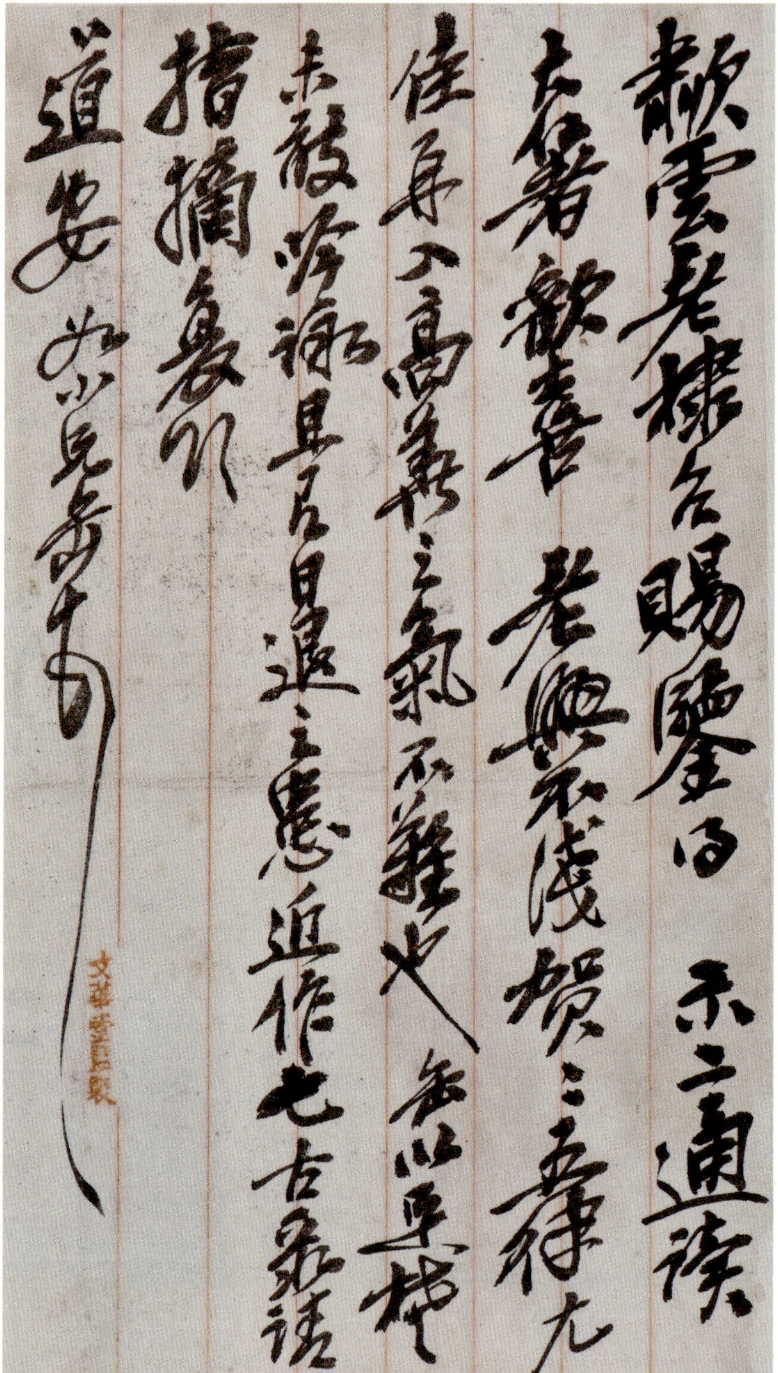

13×23.7cm

〔**释 文**〕

啸云老棣台赐鉴：

得示二通，读大著，欢喜。老兴不浅，贺贺。五律尤佳，再入高华之气不难也。缶以足楚，未敢吟咏，且有日退之患。近作七古，录请指摘。复颂

道安。

如小兄缶顿首

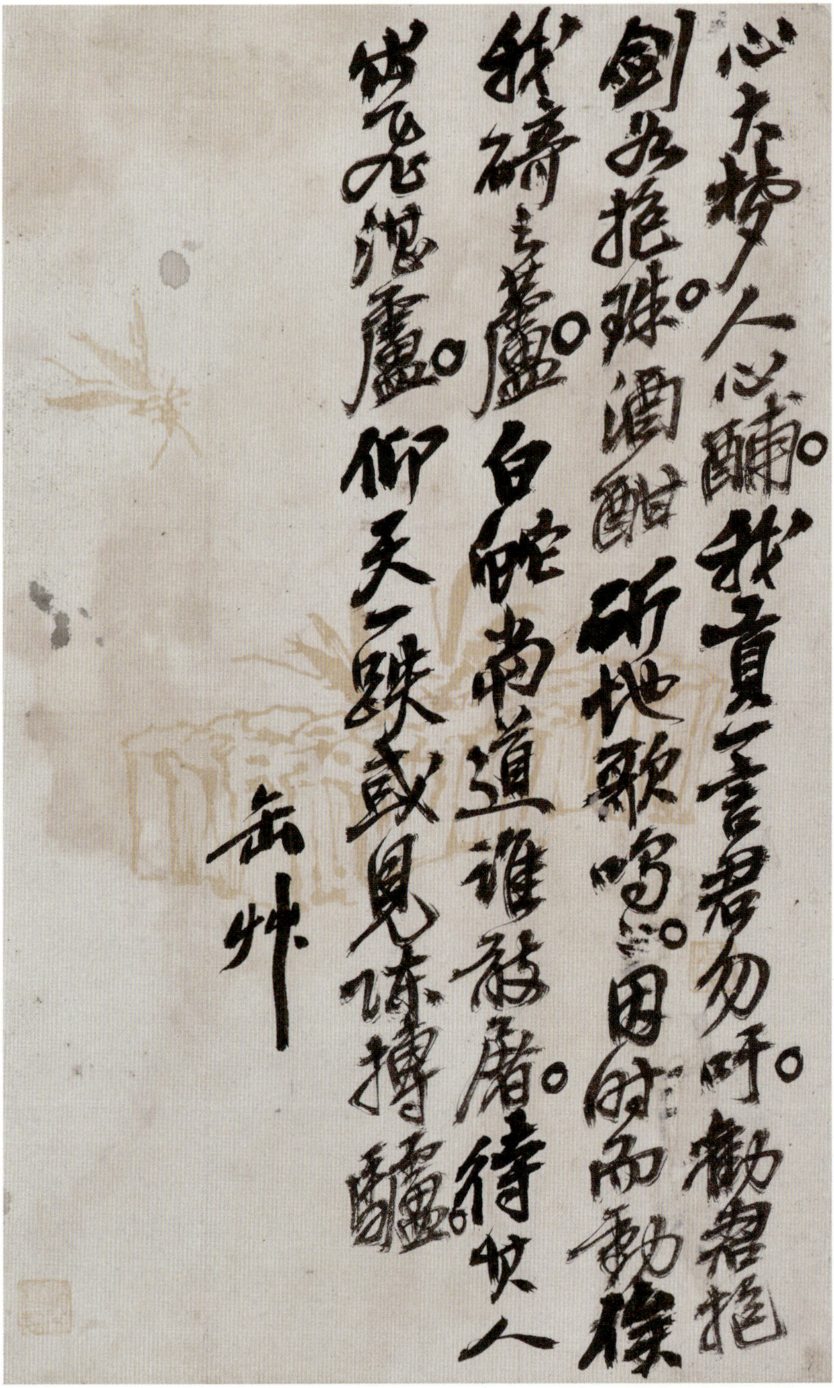

第五十三通

15.2×25.2cm

〔**释 文**〕

（上阙）心大梦人心醂，我贡一言君勿吁，劝君抱剑如抱珠，酒酣斫地歌呜呜，因时而动俟我碕之芦。白蛇当道谁敢屠？待其人出飞湛卢，仰天一跌或见陈抟驴。

缶草。

第五十四通

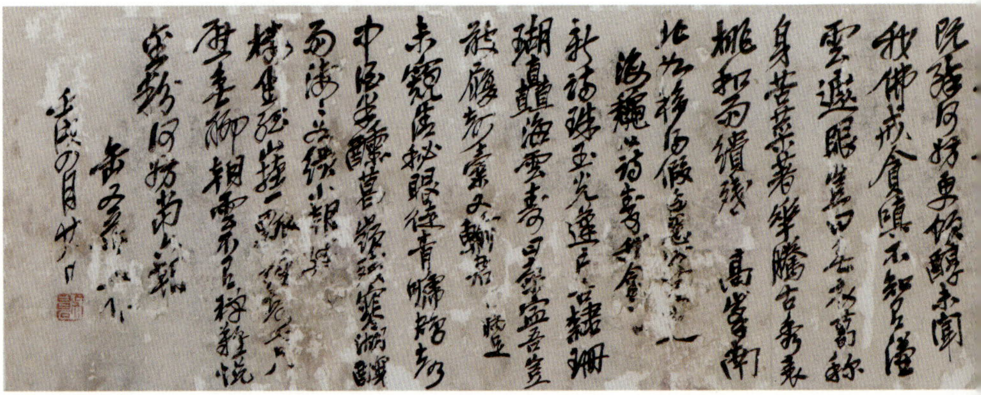

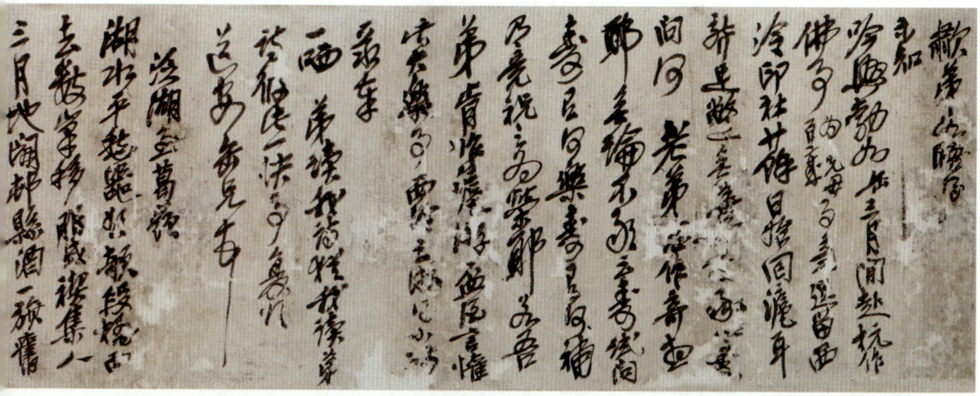

108×18.4cm

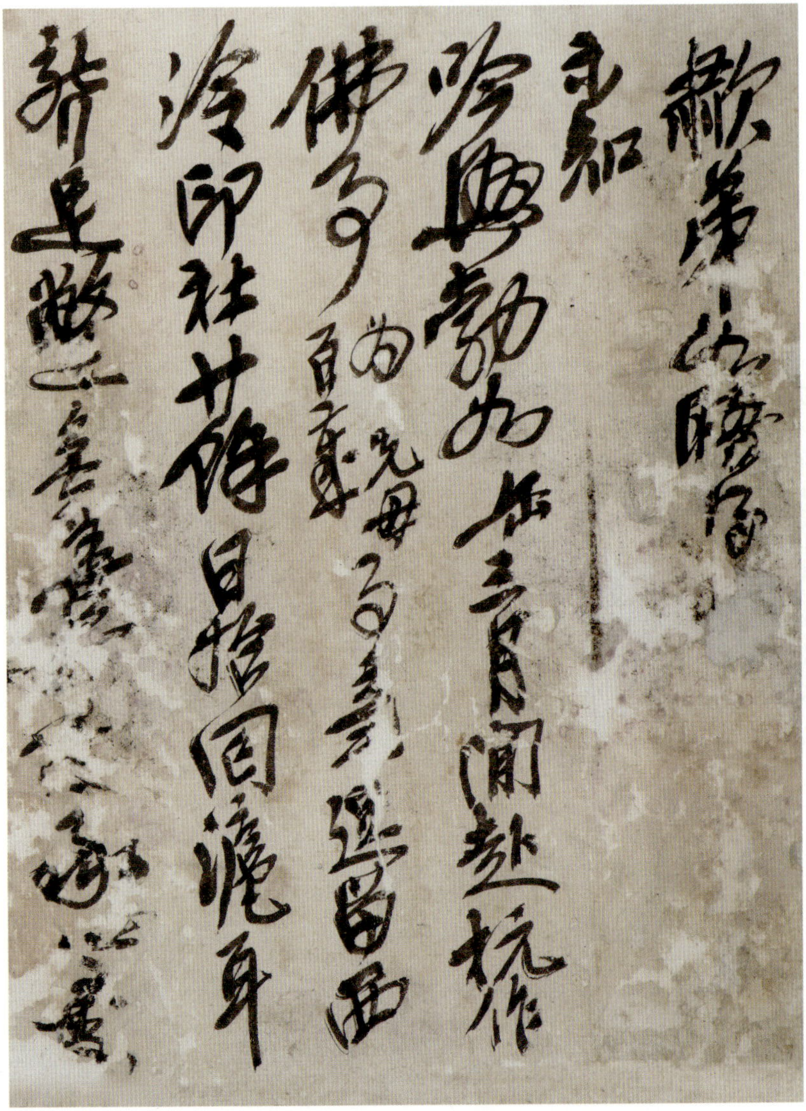

第五十四通①

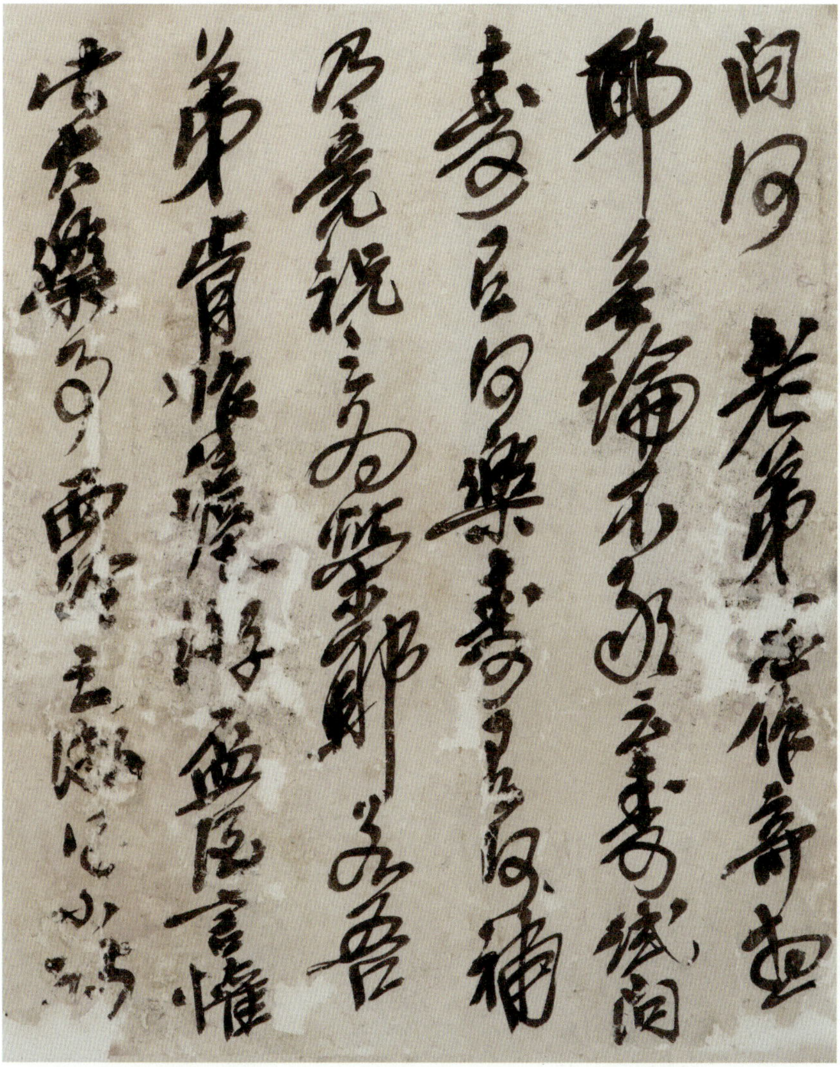

第五十四通②

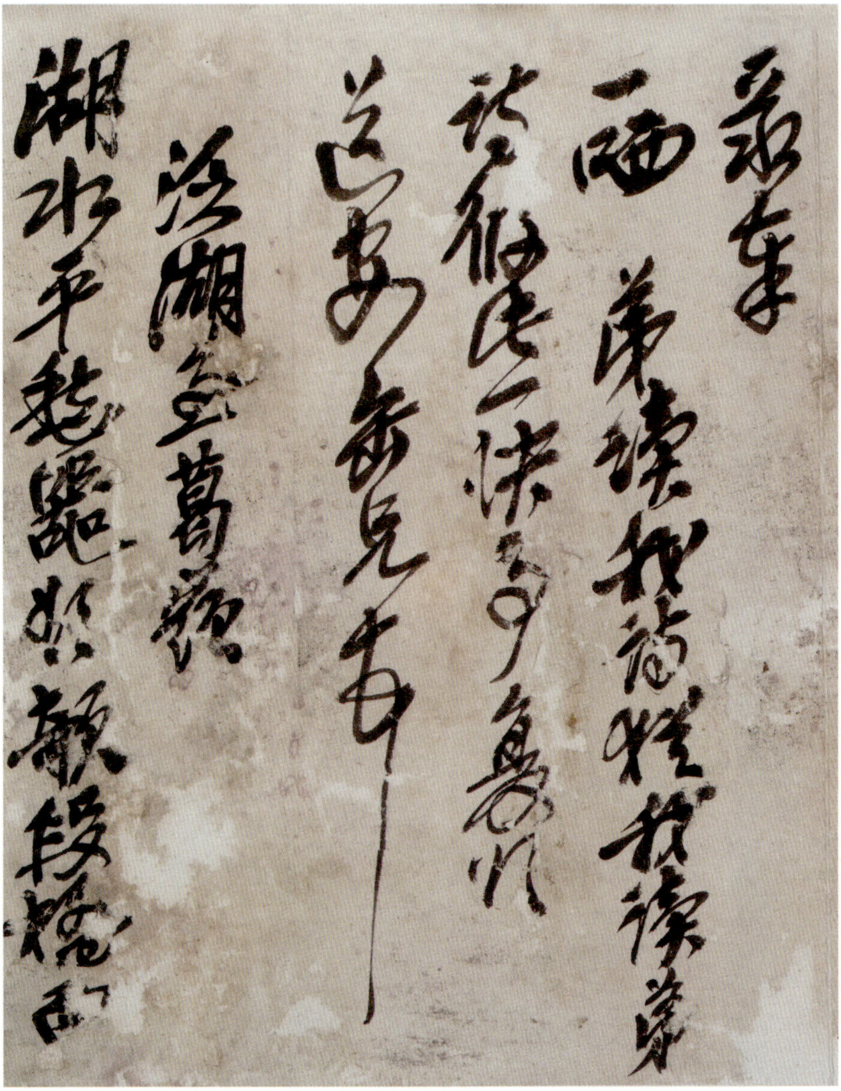

第五十四通③

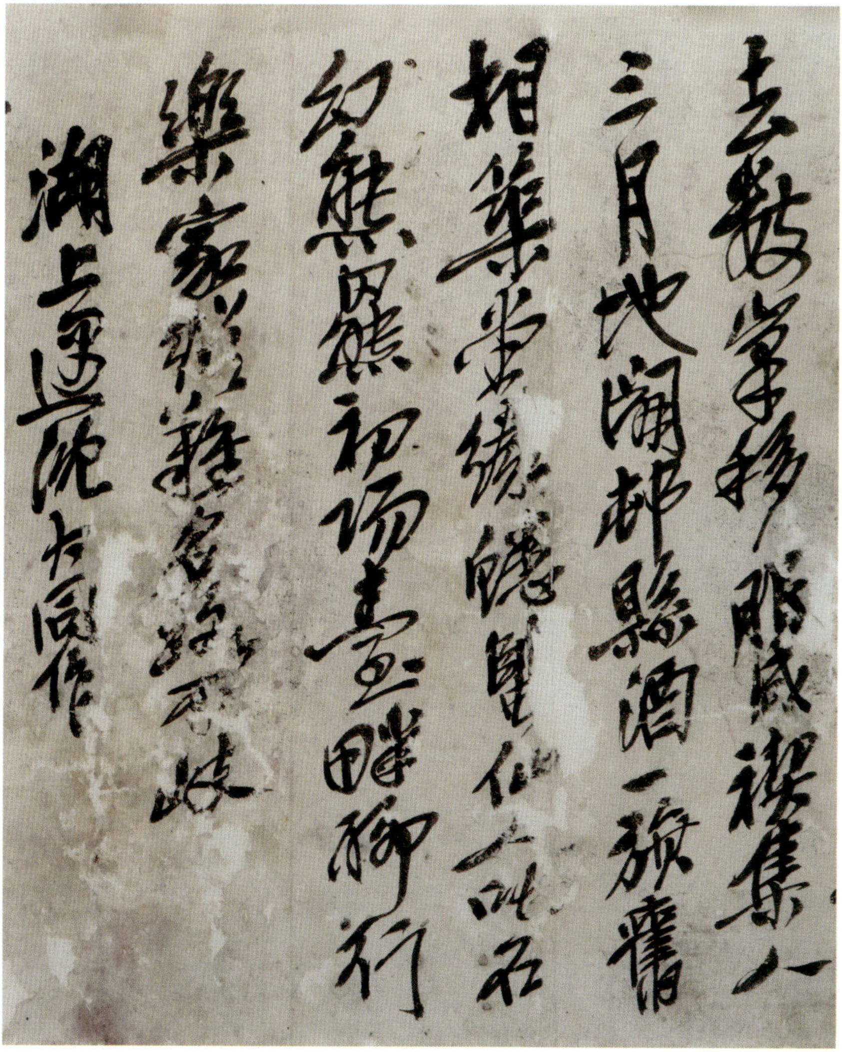

第五十四通④

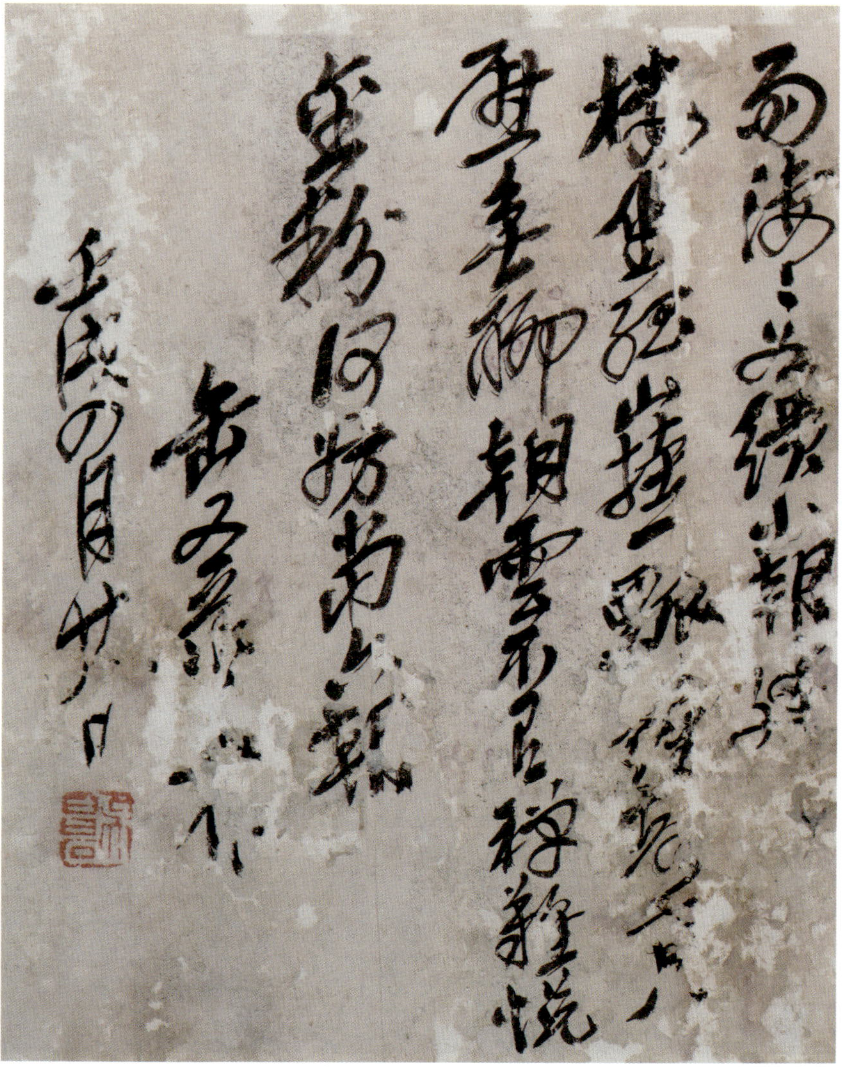

第五十四通⑦

〔**释 文**〕

啸弟如晤：

得示，知吟兴勃如。缶三月间赴杭作佛事，（为先母百岁。）事竟，逗留西泠印社廿馀日始回沪。耳聋足躄，无善□□，承以寿问，何老弟□作奇想耶？无论不敢云寿，试问寿有何乐，寿有何补？乃竟祝之为荣耶？若吾弟肯作沪游，杯酒言欢，此大乐事。西泠之游作小诗，录奉一哂。弟读我诗，犹我读弟诗，彼此一快事。复颂

道安。

缶兄顿首

《泛湖至葛岭》

湖水平愁器欲欹，段桥西去数峰移。服成褉集人三月，地辟村县酒一旗。旧相筑堂缘蟋蟀，仙人叱石幻熊罴。初阳台畔聊行乐，家纵难名路不歧。

《湖上遇沈大同作》

既醉何妨更饮醇，未闻我佛戒贪嗔。不知有汉云遮眼，岂曰无衣葛称身。苦菜着华腾古秀，衰桃和雨缋残□。高峰南北如移得，假手愚公□□人。

《海秋以诗寿我答之》

新诗珠玉光蓬户，古隶珊瑚矗海云。寿曰康宁吾岂敢，履声橐橐又输君。（□病足。）

未窥清秘眼徒青，啼鴂声中酒半醺。葛岭残寒湖酿雨，凄凄如缋小朝廷。楼坐孤山挂一瓢，钟声百八慰无聊。朝云不有禅难悦，金粉何妨当六朝。

缶又录近作

壬戌四月廿八日

铃朱文方印“吴昌石”。

第五十五通

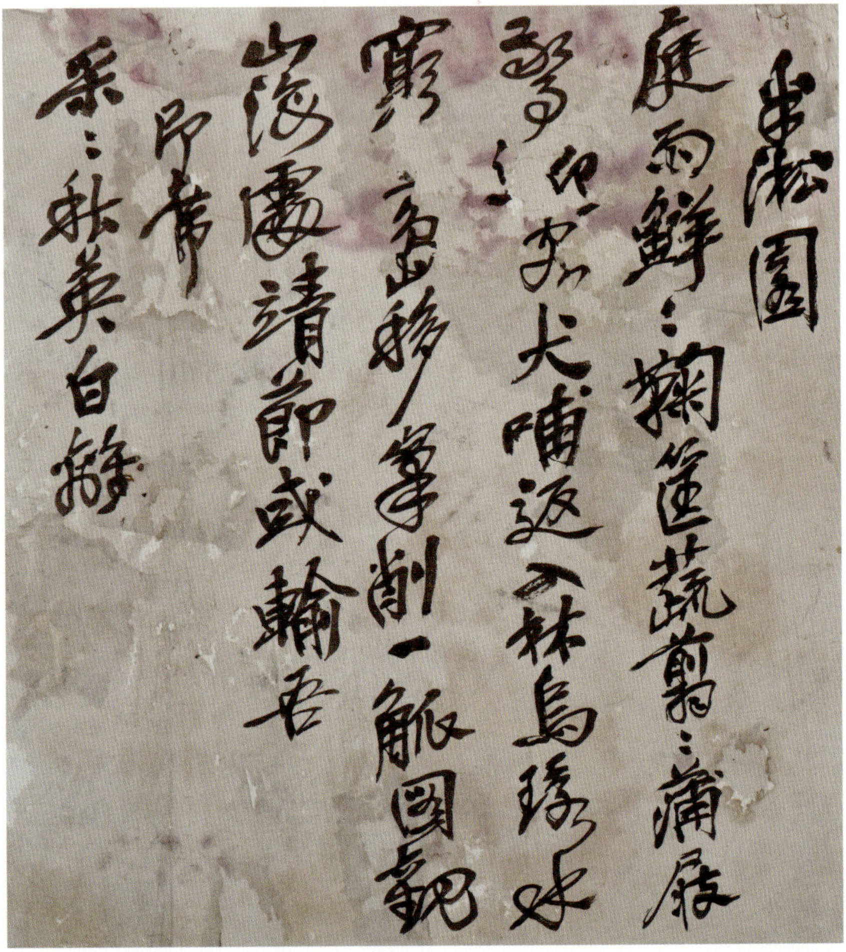

23.8×27.7cm

〔释 文〕

《半淞园》

庭雨鲜鲜鞠，筐蔬翦翦蒲。屐惊迎客犬，哺返入林乌。环水穷三岛，移峰削一觚。图观山海处，靖节或输吾。

《即席》

采采秋英白，离（下阙）

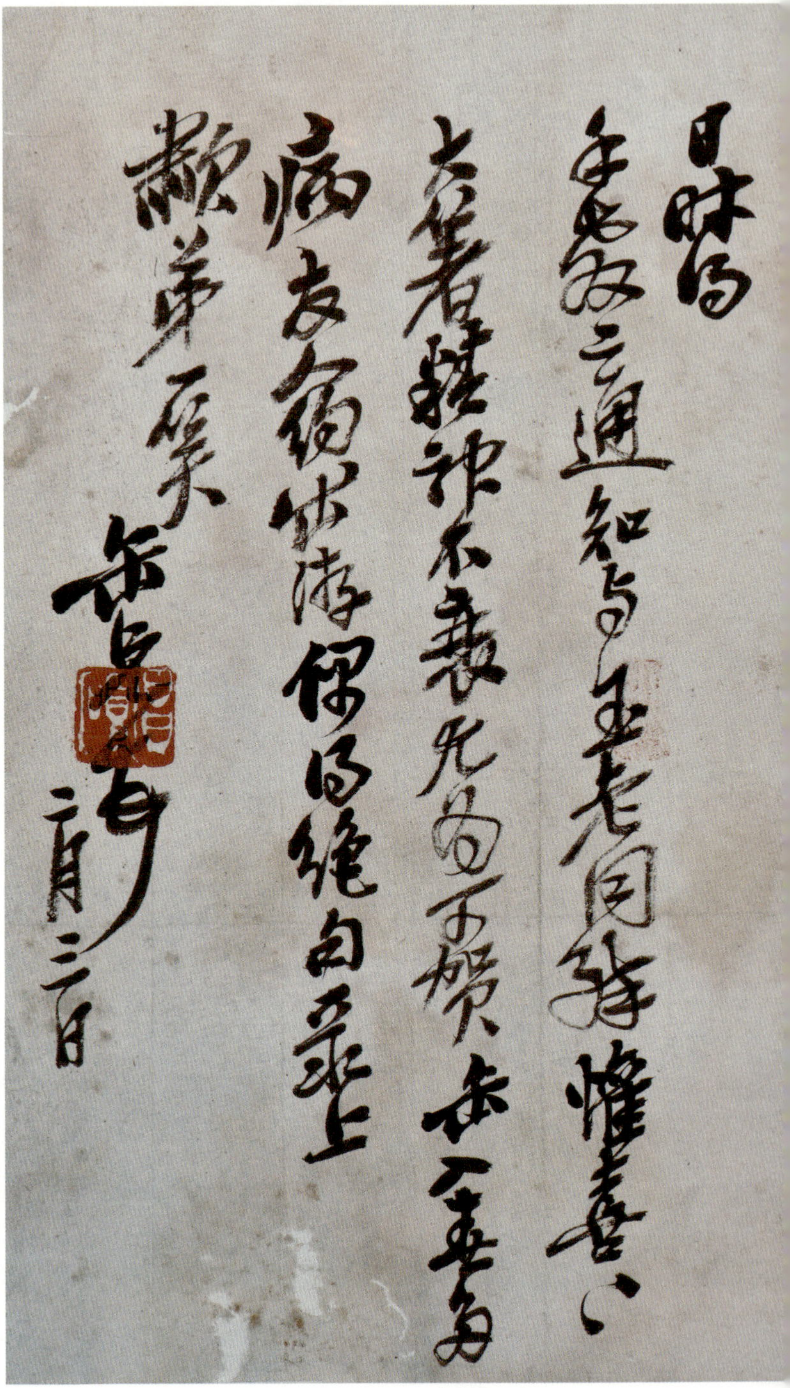

第五十六通

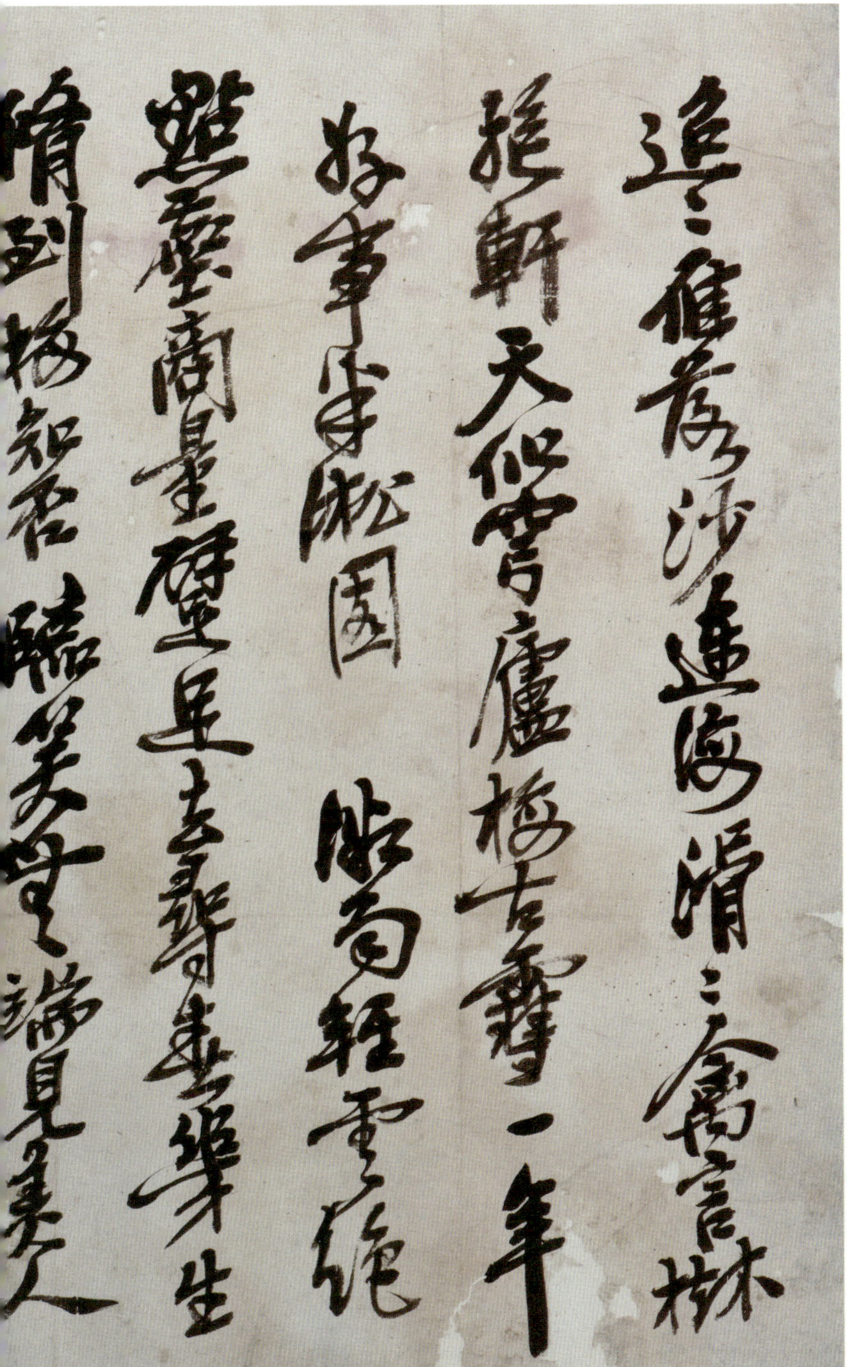

30.3×23.2cm

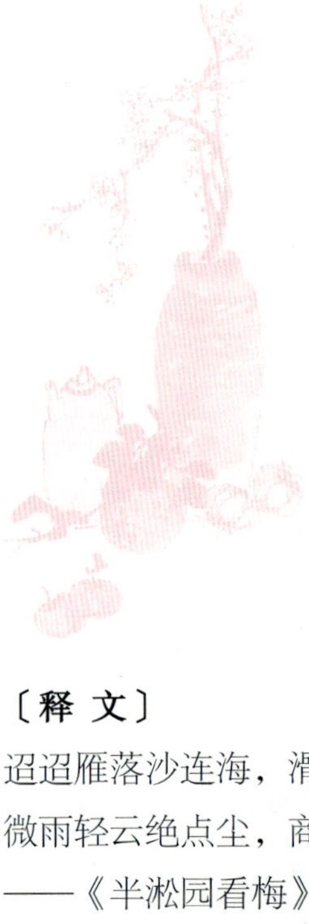

〔**释 文**〕

迢迢雁落沙连海，滑滑禽言树抱轩。天似穹庐梅古雪，一年好事半淞园。微雨轻云绝点尘，商量躄足去寻春。几生修到梅知否？临笑无端见美人。——《半淞园看梅》

日时得手教二通，知与王老同醉，欢喜欢喜。大著精神不衰，尤为可贺。缶入春多病，友人约出游，偶得绝句，录上

啸弟一笑。

缶兄顿首

二月三日

钤白文方印“昌硕”

第五十七通

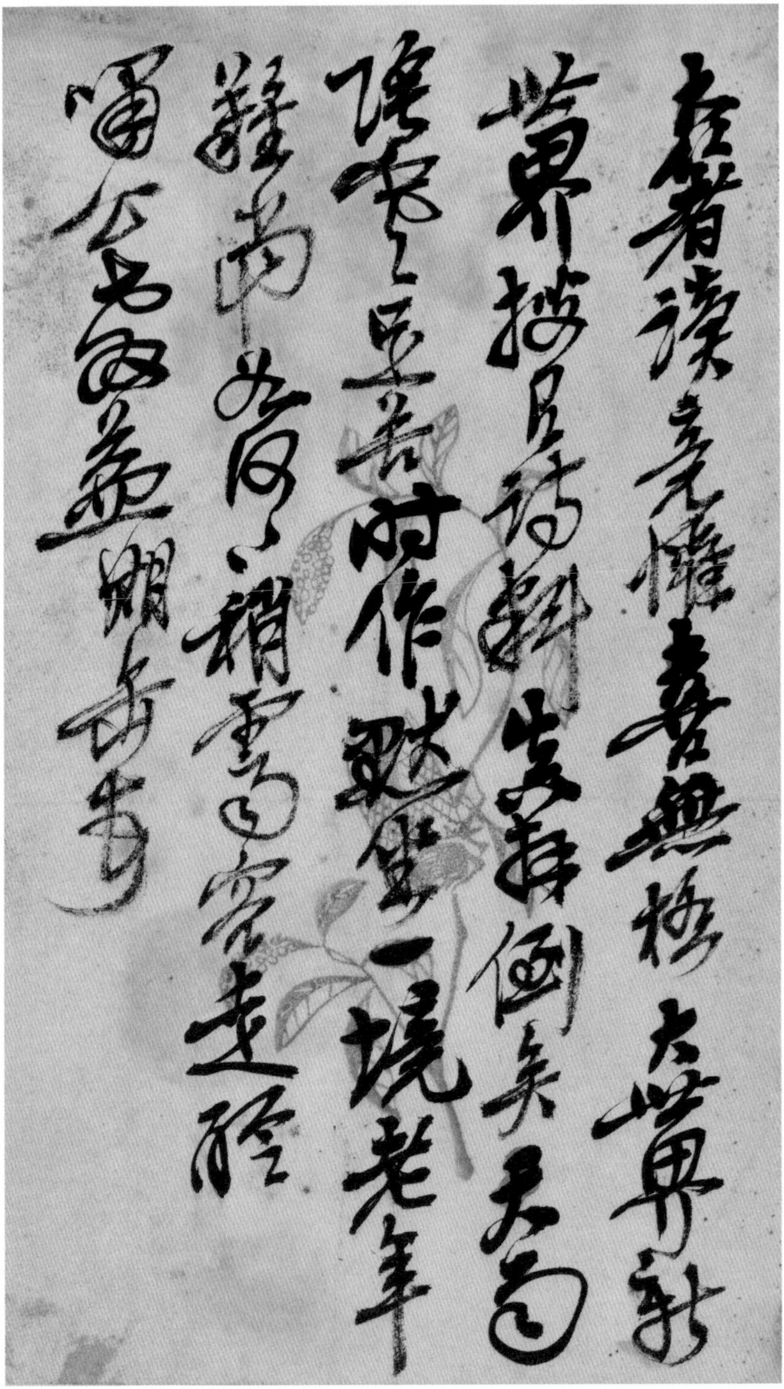

12.2×21.5cm

〔**释 文**〕

大著读竟，欢喜无极。大世界，新世界，搜有诗料，真拜倒矣。天雨阴寒，足苦时作，默坐一境，老年难当，如何如何。稍霁，容走聆
啸公教益。

期缶顿首

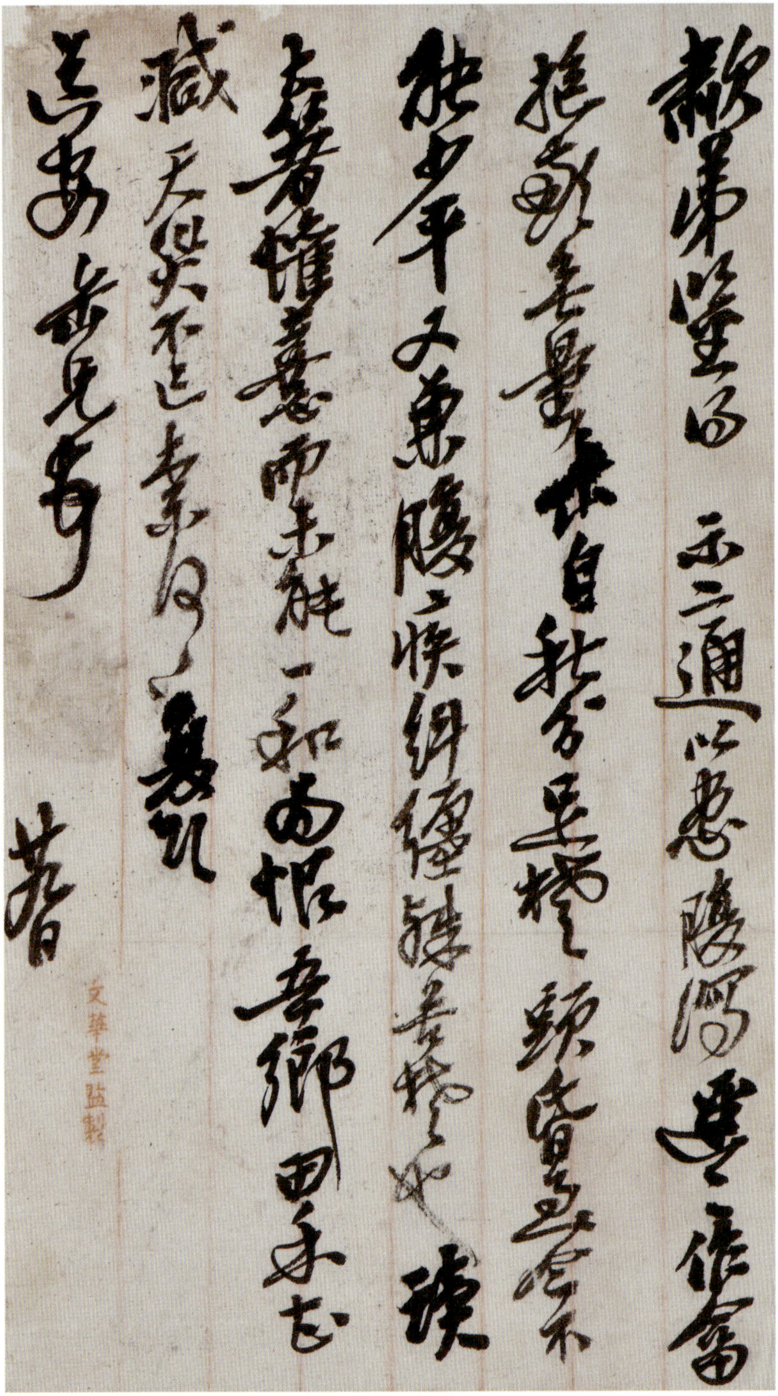

第五十八通

13.1×23.5cm

〔**释 文**〕

啸弟鉴：

得示二通,以患腹泻，迟迟作答，抱歉无量。缶自秋分足楚头昏，至今不能少平，又兼腹疾纠缠，殊苦楚也。读大著，欢喜，而未能一和为恨。吾乡田禾甚减，天灾不已，奈何奈何。复颂

道安。

缶兄顿首

廿九日

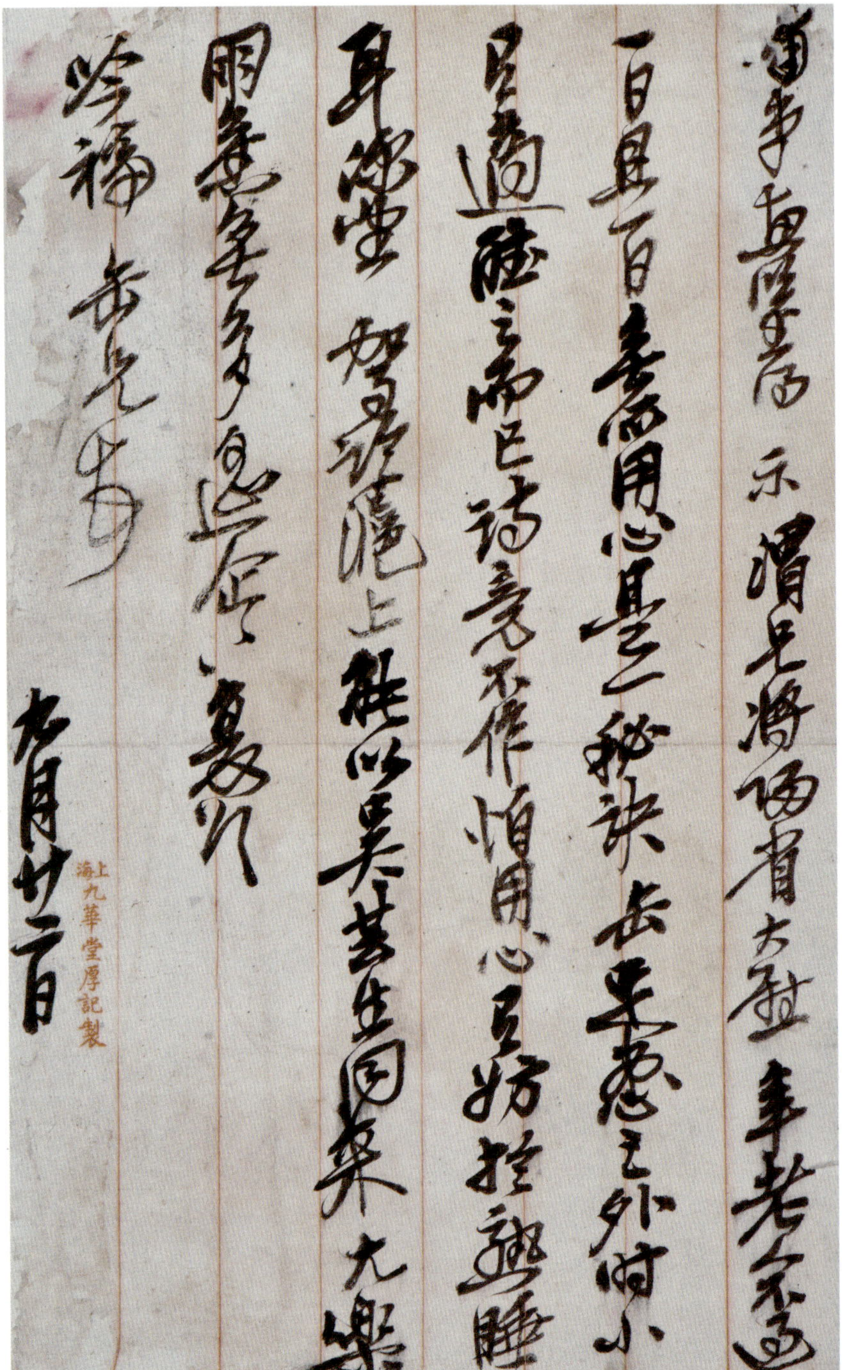

第五十九通

16.4×27.5cm

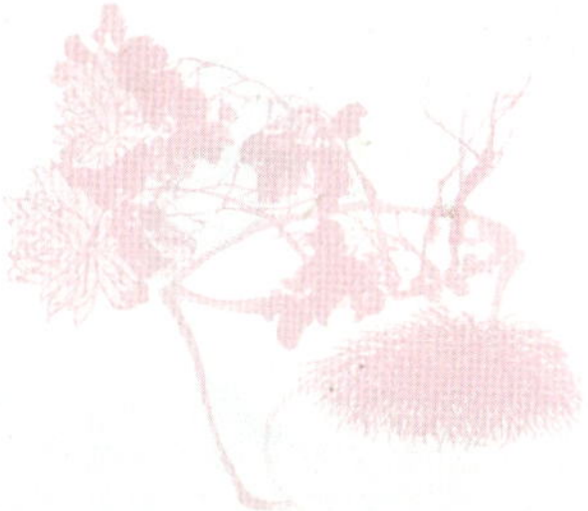

〔**释 文**〕

啸弟惠鉴：

得示，渭兄将归省，大慰。年老人不过一日且一日，无所用心，是一秘诀。缶足患之外，时小有适，听之而已。诗竟不作，怕用心有妨于熟睡耳。深望驾临沪上，能以吴芸生同来，尤乐。朋旧无多，遥企遥企。复颂吟福。

缶兄顿首

九月廿二日

第六十通

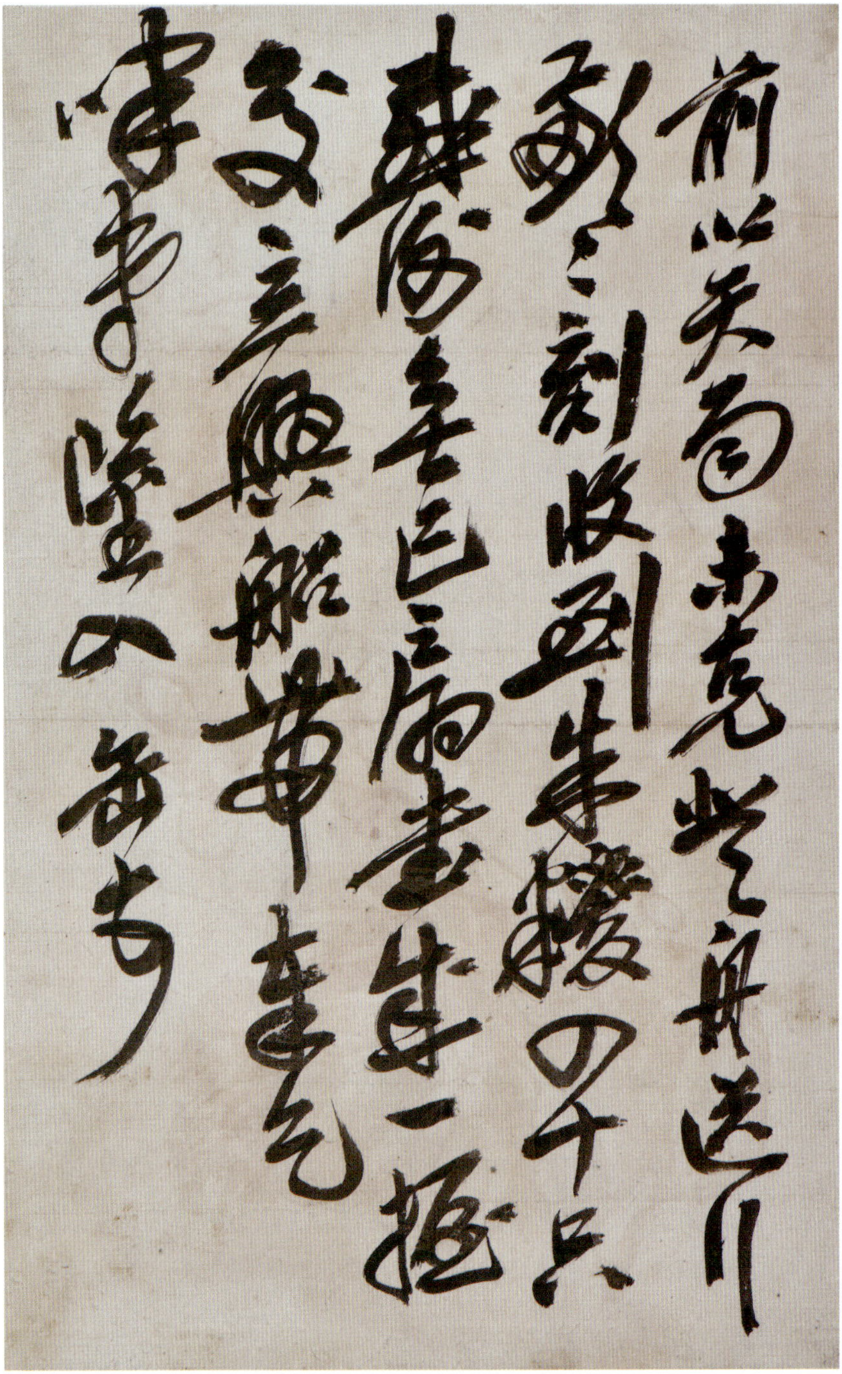

15.5×25.4cm

〔释 文〕

前以天雨，未克登舟送行，歉歉。刻收到朱粽四十只，感谢无已。扇书成一握，交立兴船带奉，乞
啸弟鉴入。

缶顿首

第六十一通

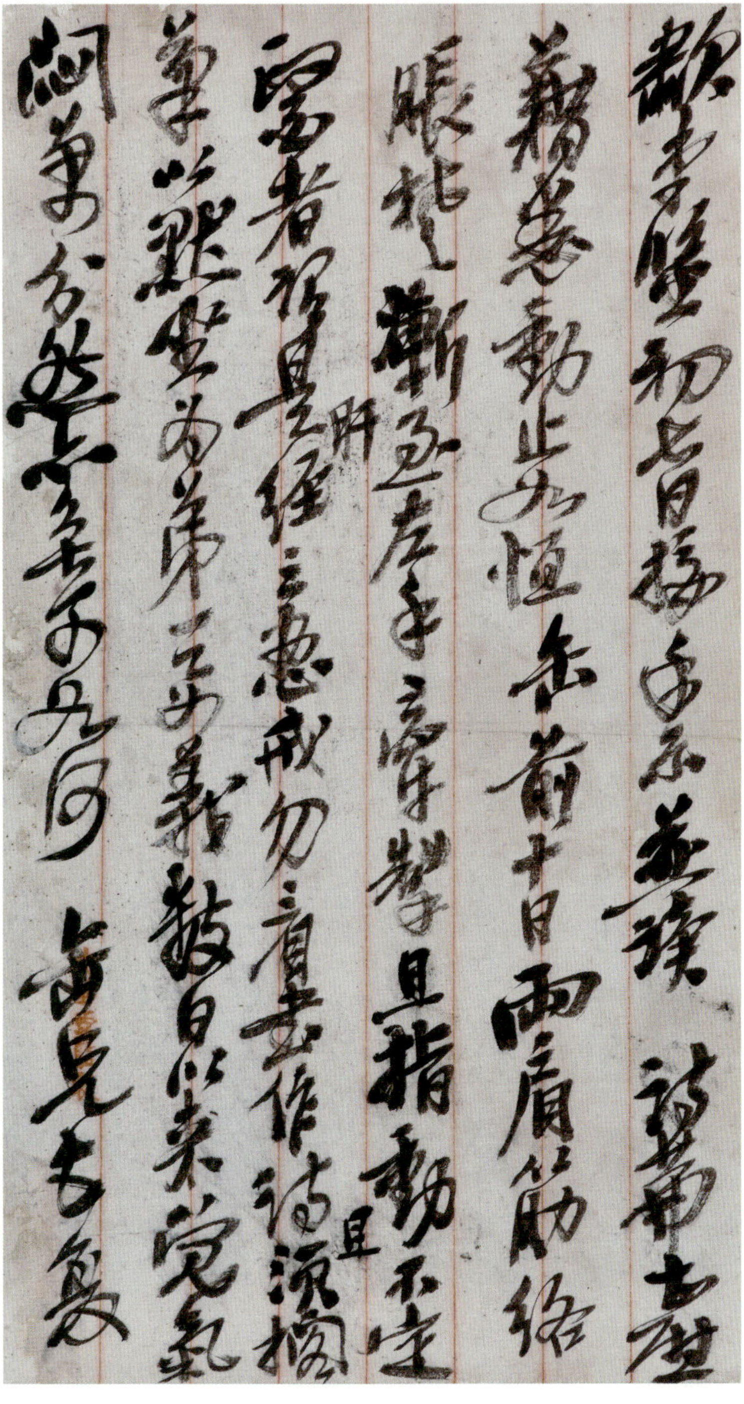

13×23.6cm

〔**释 文**〕

啸弟鉴：

初七日接手示，并读诗篇，甚慰藉，悉动止如恒。缶前十日两肩筋络胀楚，渐至左手牵掣，且指动不定。医者谓是肝经之患，戒勿看书、作诗，且须搁笔，以默坐为第一要义。数日以来觉气闷万分，然亦无可如何。

缶兄顿首复

第六十二通

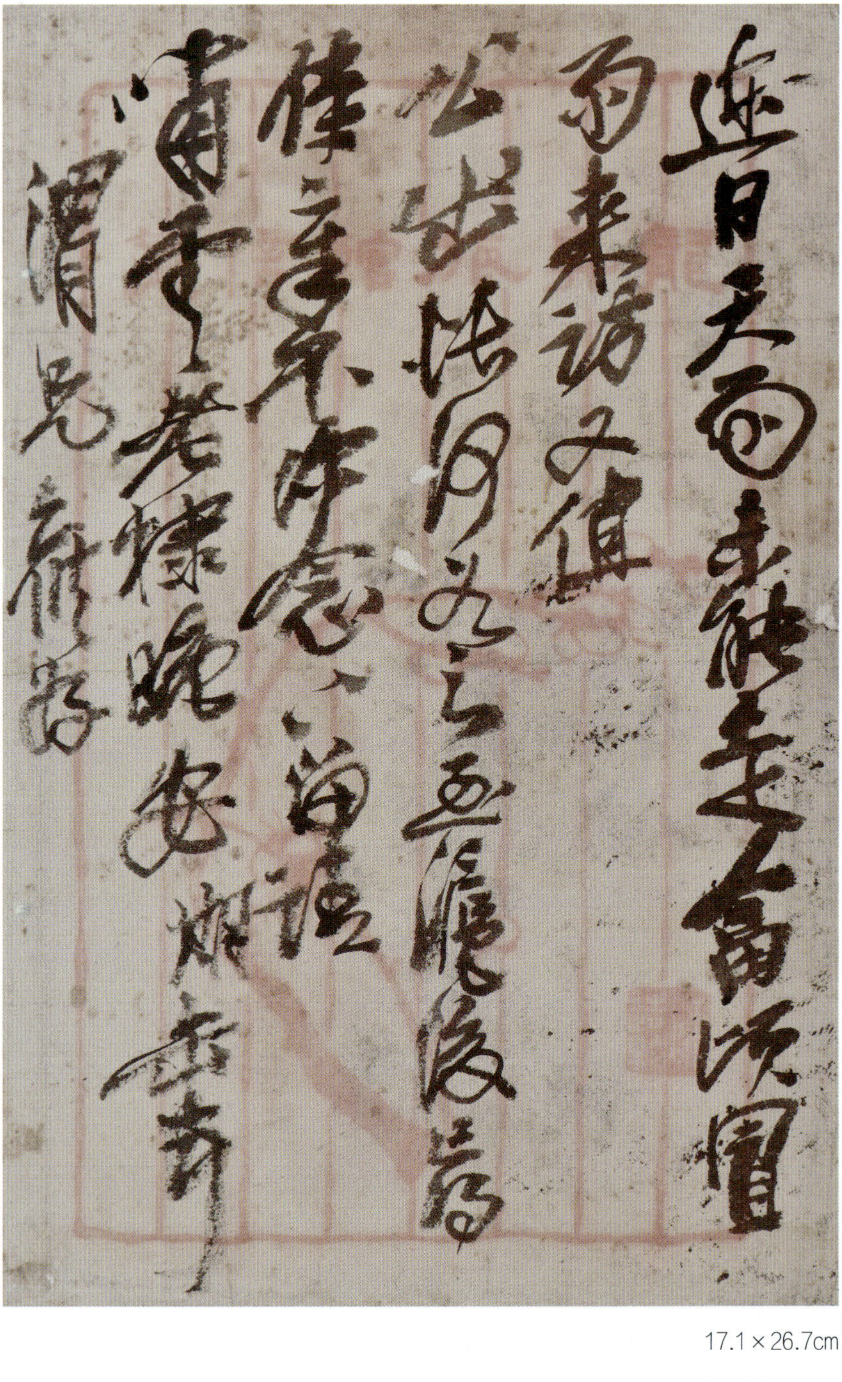

17.1×26.7cm

〔**释 文**〕

连日天雨，未能走答，顷冒雨来访，又值公出，怅何如之。至沪后，已得佳章不？深念深念。留请
啸云老棣晚安。

期缶顿首

渭兄候好。

第六十三通

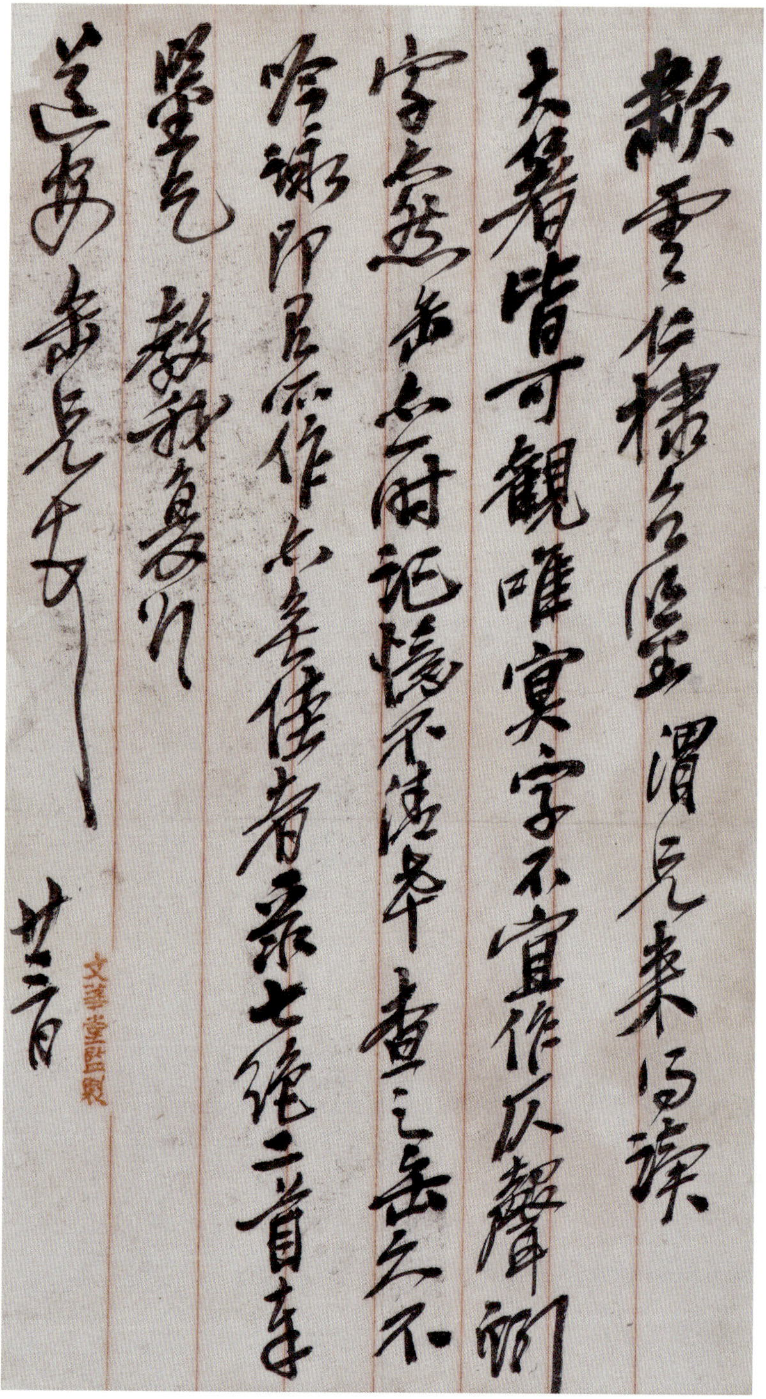

13×23.7cm

〔释 文〕

啸云仁棣台鉴：

渭兄来，得读大著，皆可观。唯“冥”字不宜作仄声，“蚓”字亦然。缶亦一时记忆不清，幸查之。缶久不吟咏，即有所作，亦无佳者，录七绝二首奉鉴，乞教我。复颂

道安。

缶兄顿首

廿三日

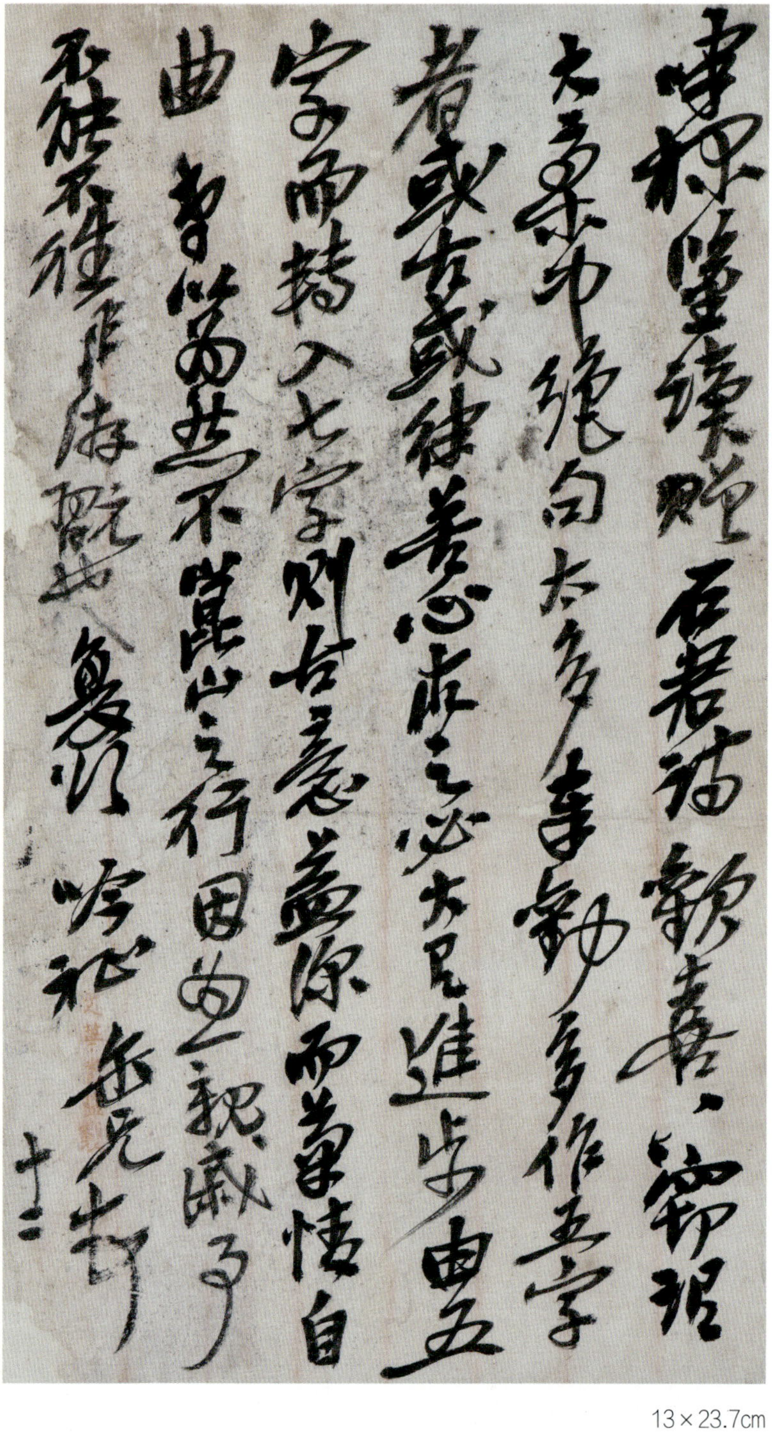

第六十四通

13×23.7cm

〔**释 文**〕

啸棣鉴：

读《赠石君诗》，欢喜欢喜。窃谓大稿中绝句太多，奉劝多作五字者，或古或律，苦心求之，必大有进步。由五字而转入七字，则古意益深，而笔情自曲，弟以为然不？崑山之行，因为一亲戚事，不能不往，非游玩也。复颂

吟祉。

缶兄顿首

十二

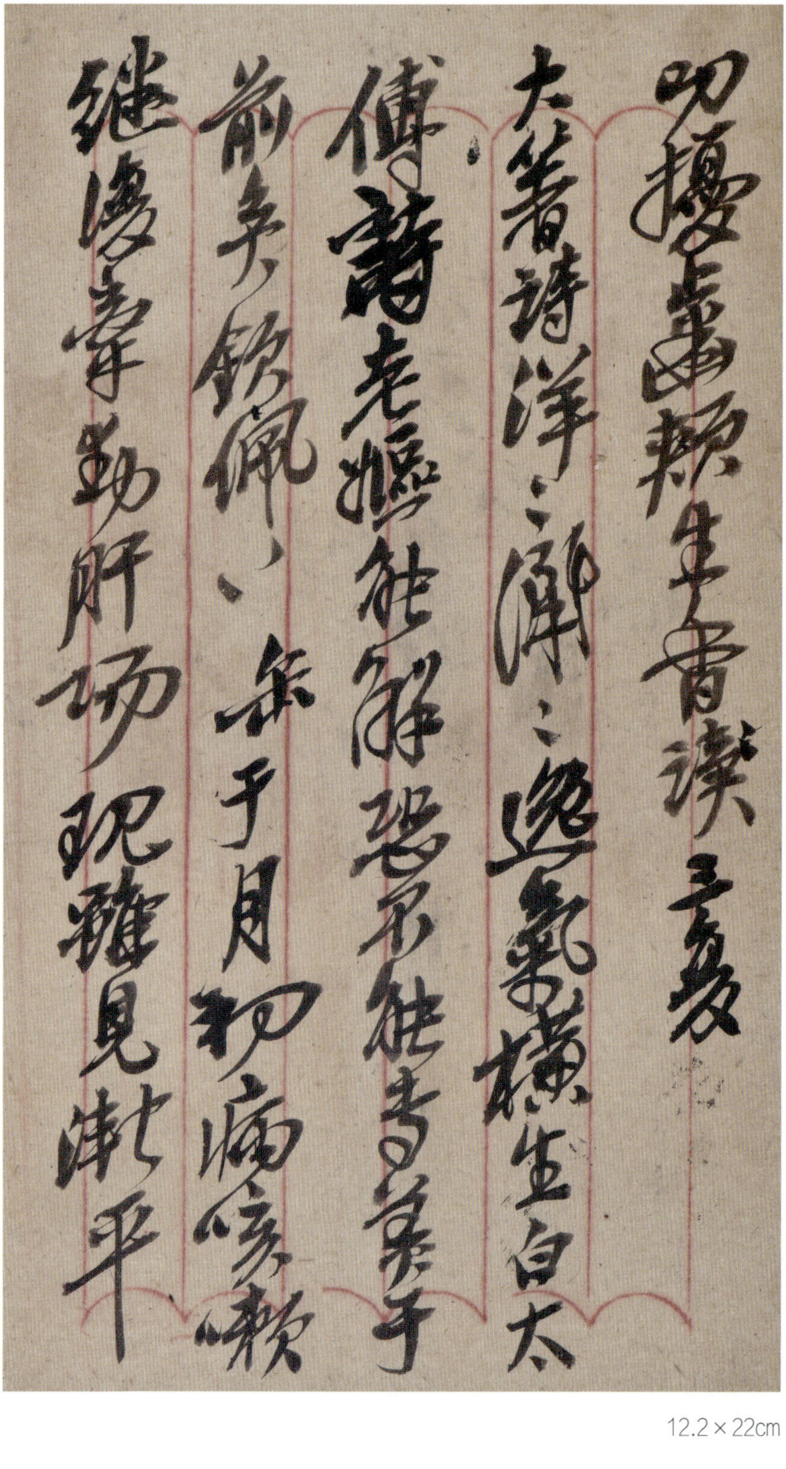

叨擾高函頻年書讀三復
大著詩洋洋灑灑逸氣橫生直白太
傅詩老嫗能解恐不能專美于
前矣欽佩欽佩弟于月初病咳嗽
繼復牽動肝陽現雖見漸平

第六十五通①

12.2×22cm

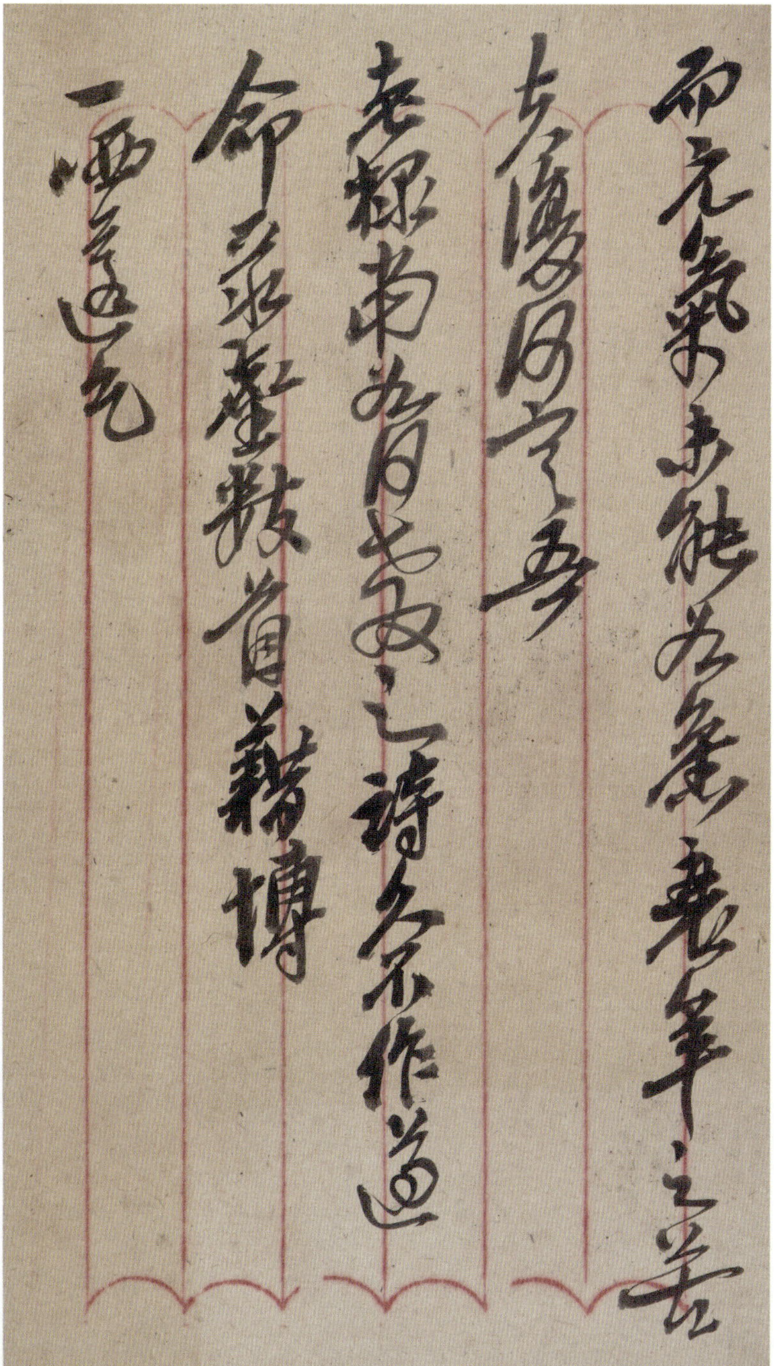
而元氣未能如舊，衰年之恙
亦復同之多
老懷尚未有安之詩，尚不作道
命筆塗數首，自藉博
一哂。弟遠乞

第六十五通②

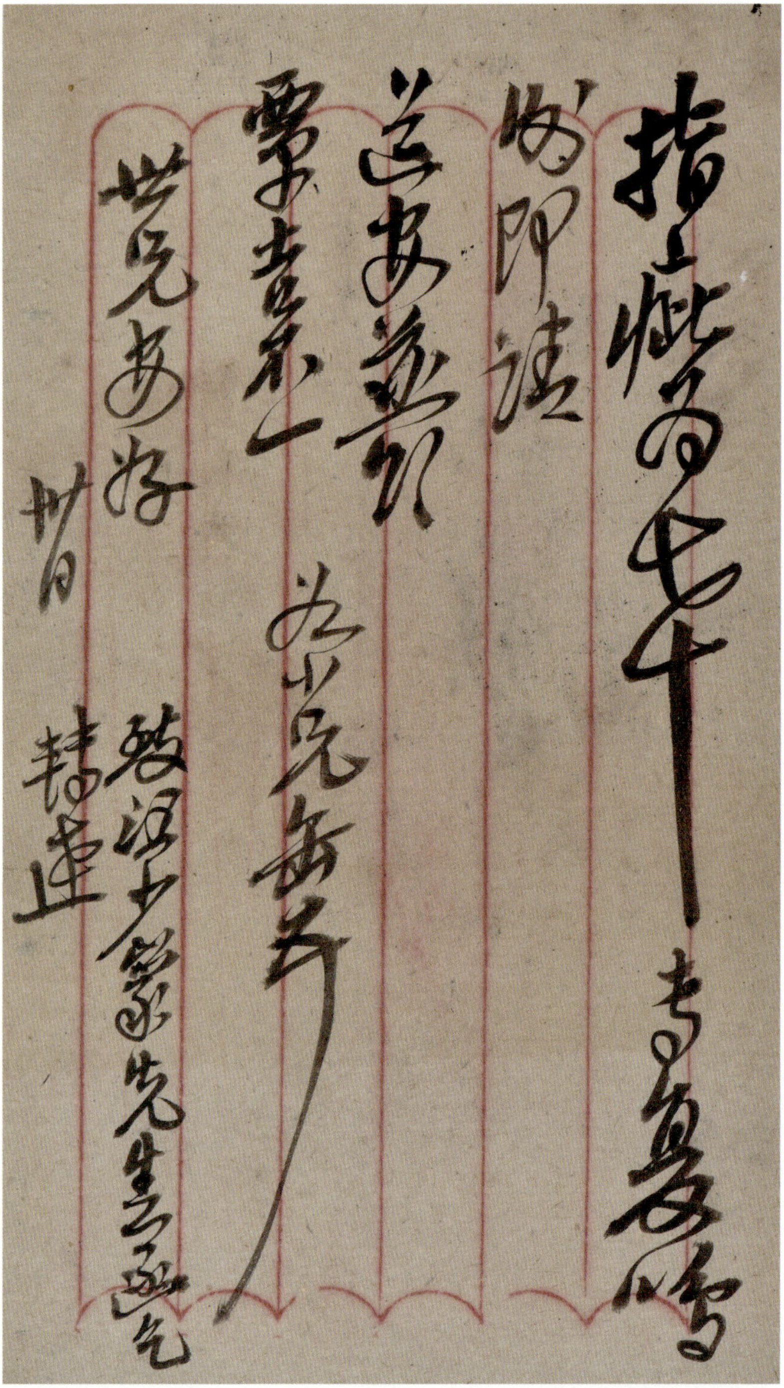

第六十五通③

〔**释 文**〕

（上阙）叨扰，齿颊生香。三复大著，诗洋洋洒洒，逸气横生。白太傅诗，老妪能解，恐不能专美于前矣，钦佩钦佩。缶于月初病咳嗽，继复牵动肝阳。现虽见渐平，而元气未能如旧，衰年之苦，夫复何言，吾老棣当如何教之？诗久不作，遵命录尘数首，藉博一哂，还乞指疵为幸。专复鸣谢，即请

道安，并颂

覃吉，不一

如小兄缶顿首

卅日

世兄安好。

致汪少岩先生一函，乞转达。

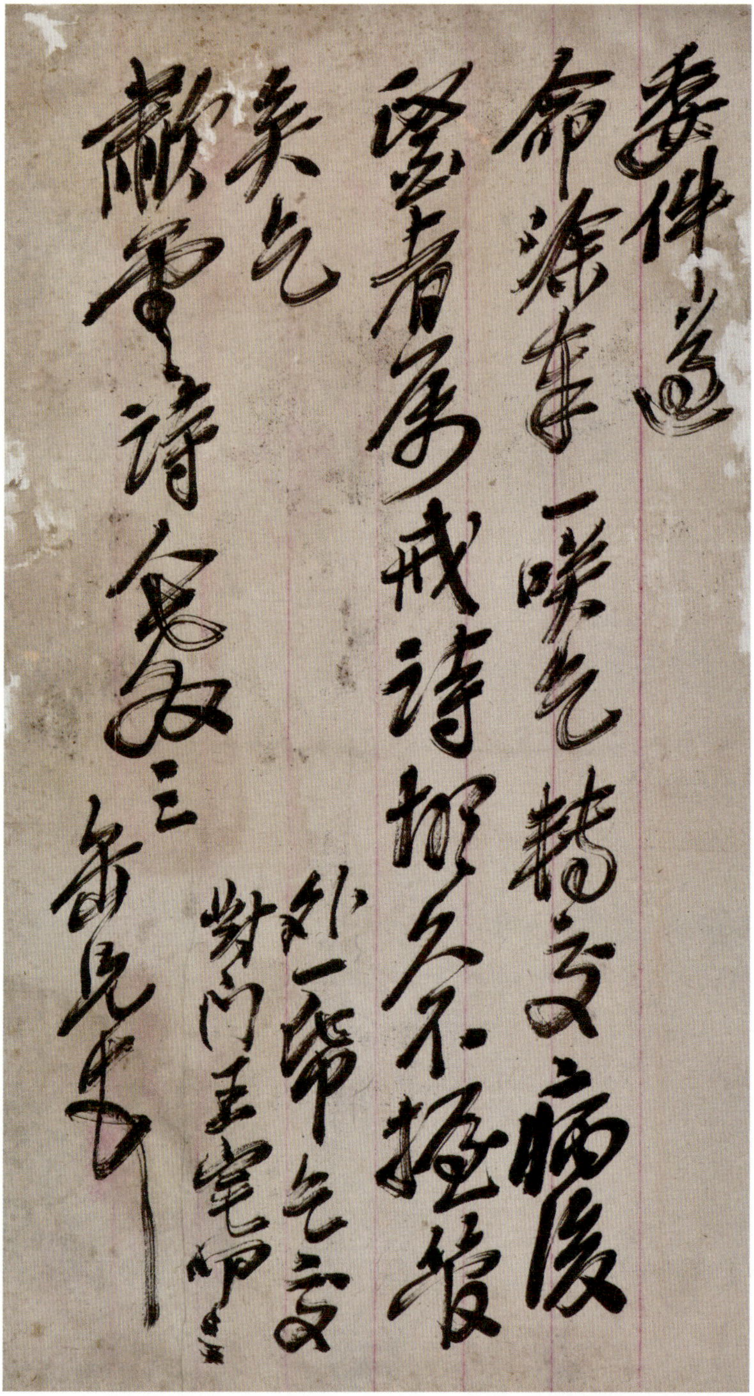

第六十六通

12.1×23.4cm

〔**释 文**〕

委件遵命涂奉一笑，乞转交。病后医者属戒诗，故久不握管矣。乞啸云诗人教之。

缶兄顿首

外一纸，乞交对门王宅，叩叩。

第六十七通

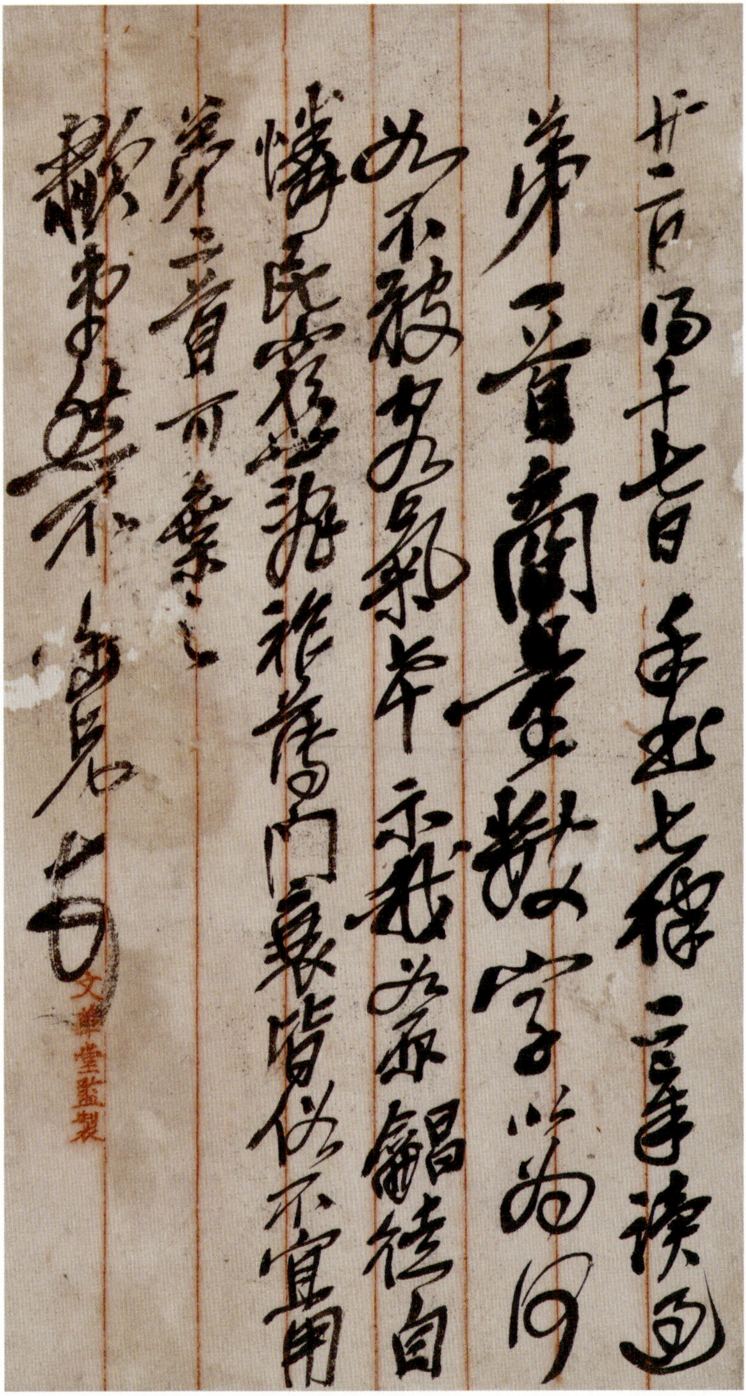

12.6×23.3cm

〔**释 文**〕

廿二日得十七日手书七律二章，读过。第一首商量数字，以为何如？不敢客气，幸示我。如原唱“徒自怜民穷世乱”、“祚薄门衰”，皆俗，不宜用。第二首可弃之。

啸弟然不？

缶兄顿首

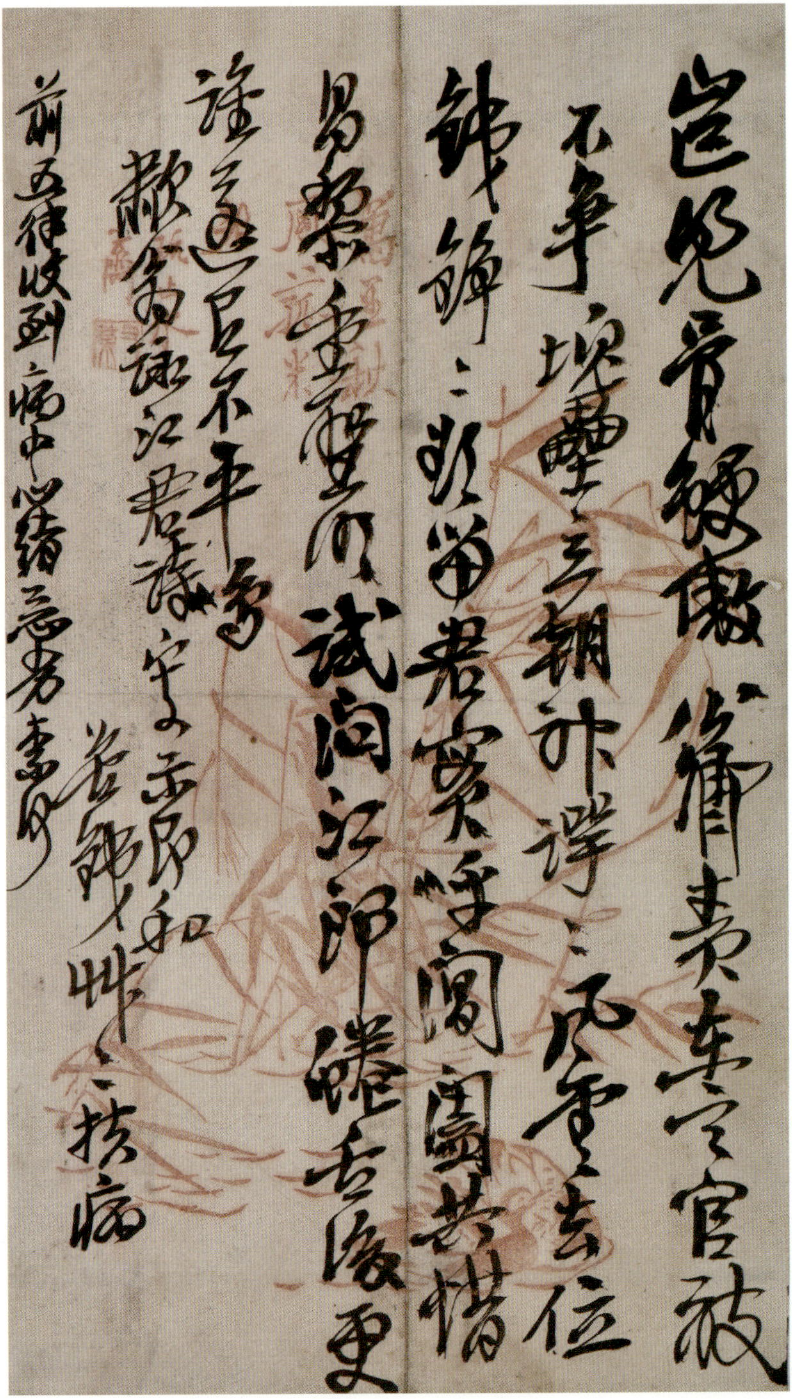

第六十八通

13×23cm

〔**释　文**〕

岂凭骨鲠傲公卿，责在言官敢不争？块垒立朝神谔谔，风云去位铁铮铮。欲留君实呼阊阖，共惜昌黎重圣明。试问江郎蜷舌后，更谁还有不平鸣。

啸翁咏江君诗寄示，即和。

苦铁草草，扶病。

前五律收到，病中心绪恶劣，奈何。

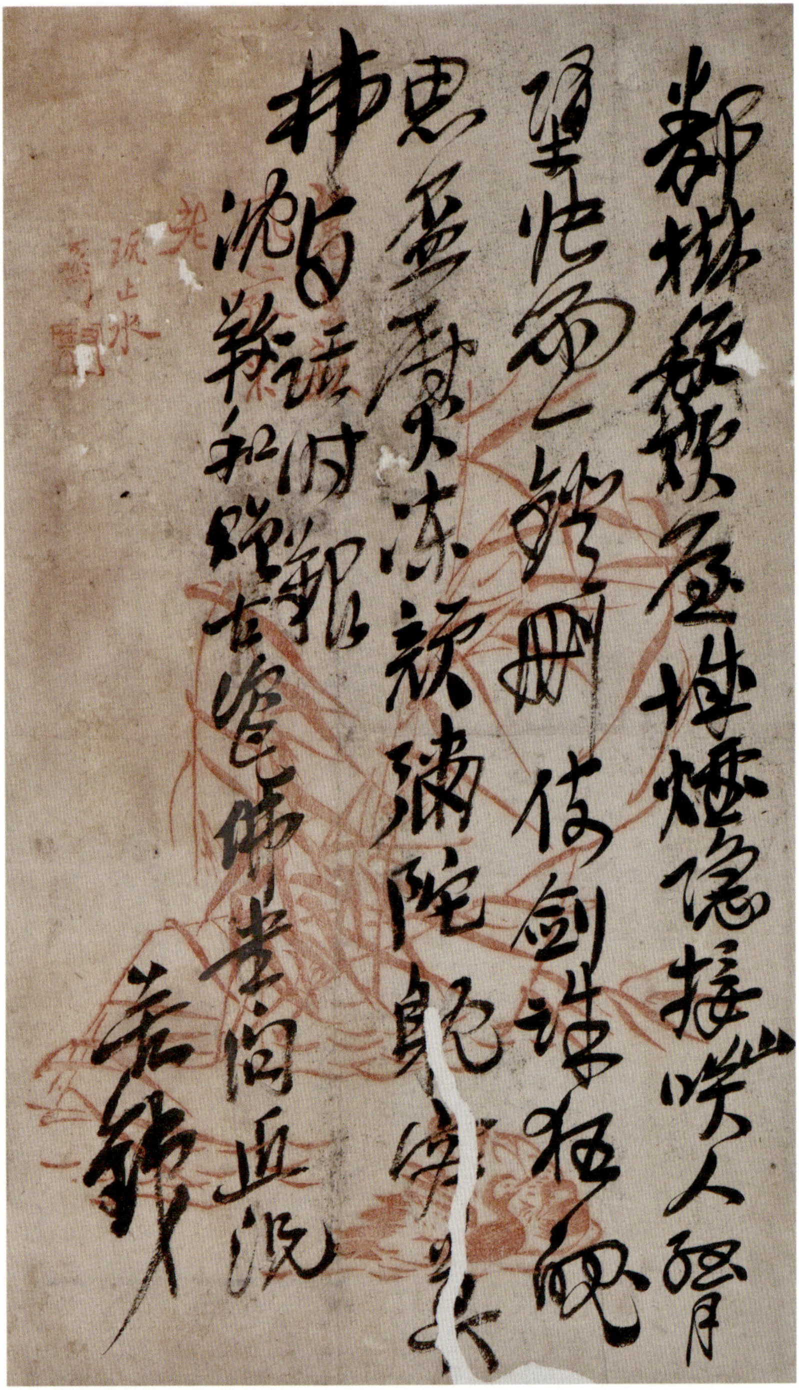

第六十九通

13×23cm

〔**释 文**〕

邻树颓欺屋，城烟隐接山。笑人孤月堕，快雨一镫删。倚剑诛狂魄，思杯熨冻颜。弥陀耽寂莫，弗与话时艰。

——《沈养和赠古瓷佛书问近况》

苦铁

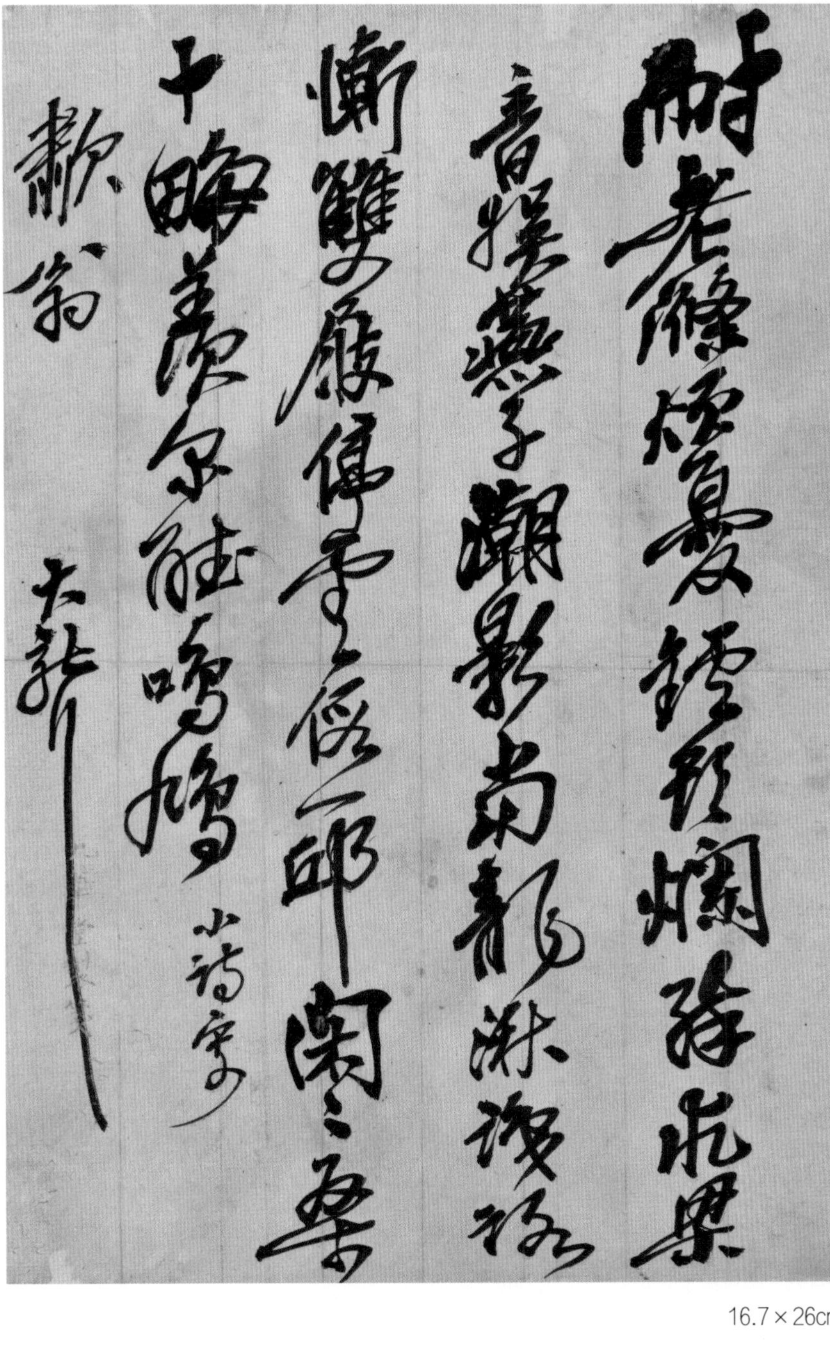

第七十通

16.7×26cm

〔**释　文**〕

耐老涤烦忧，炉头烂醉求。梁音娱燕子，潮影当龙湫。识路惭双屐，停云假一邱。闲闲桑十亩，羡尔能鸣鸠。

小诗寄

啸翁。

大聋

唯陳言之務去

后　记

吴昌硕是近现代艺术发展史上的代表性人物，一直是文化界研究的重点。作为海上画派最具创造性与影响力的领军人物，其“诗书画印”四艺并臻。然就其四艺的缘起而言，其发端皆在湖州。目前已经出版的吴昌硕信札多为与当时各界名人的应和。作为湖州人，吴昌硕与家乡亲友的联络交往尚缺少系统的研究资料。

湖州市博物馆藏《吴昌硕致丁啸云手札》为晚年吴昌硕写与同里兼诗友丁啸云的数十通信札集。信札内容从生活到艺术，多有涉及。特别是论诗部分，甚有精彩之处。为充分利用馆藏文物资源，加大对馆藏文物的整理与研究力度，值此吴昌硕逝世九十周年之际，我馆组织专门力量对此数十通信札进行系统的释读整理并集结出版。此信札集之付梓，一来为一代宗师吴昌硕与家乡亲友的联络交往提供了难得的研究素材与第一手资料，二来信札展现了吴昌硕最真实的书法艺术风貌，因此也为欣赏与弘扬其书法艺术提供了最为鲜活的模本。

在此数十通信札中，吴昌硕致问候，述近况，文辞极为雅致，信末往往附上新作之诗，以求交流指正。事实上，吴昌硕一生皆以诗人自居。在其《赠内》一诗中便曾写道“平居数长物，夫婿是诗人”。吴昌硕精研古体诗，又有深厚的文字训诂功底。观其诗作，题材广泛，所见所思，皆发为高唱，冶炼为诗。状物写景，感时伤怀，富有强烈的生活气息，充分表达出吴昌硕高度的社会自觉。而对诗友丁啸云所作之诗词，吴昌硕也做出了恳切精辟的评语。例如：“惠诗甚佳，唯首句宜改,古文无是法也。”又如“大著稳炼,唯‘媒’韵不甚对。胆敢易数字,酌用为荷”,或“弟既从事五律,应先看摩诘、浩然二家。久之可以淘汰熟点,走入生辣一路,最为合格”。凡此种种,皆体现出其摒弃客套,直言不讳的交友态度及严谨的治学思想。就书法而言,吴昌硕篆、隶、楷、行、草五体皆精,尤以石鼓文、行书为擅。此信札集字距紧密,气势连贯,变化而统一。通篇行草中糅合以石鼓文苍劲古厚之气势,形成了独特的个人面貌。因此,此信札集展现了吴昌硕的晚年生活及内心世界,具有重要的史料价值。它不仅是研究吴昌硕诗文艺术的重要资料,同时也是行草书法精品之作。

此书编纂过程中,得到了马青云、梅松两位老师以及中华书局朱兆虎老师的指导与帮助,在此特别致谢。

信札文献整理,力有未逮,难免有疏误之处,敬希方家批评指正。